SÉRIE *LES SIX COMPAGNONS* DANS LA BIBLIOTHÈQUE VERTE

Les Six Compagnons et les agents secrets
Les Six Compagnons et le cigare volant
Les Six Compagnons hors la loi
Les Six Compagnons et la bouteille à la mer
Les Six Compagnons au concours hippique
Les Six Compagnons à Scotland Yard
Les Six Compagnons et le château maudit
Les Six Compagnons à l'étang de Berre
Les Six Compagnons et le carré magique
Les Six Compagnons et l'homme au gant
Les Six Compagnons se jettent à l'eau
Les Six Compagnons et le chasseur de scoops
Les Six Compagnons et la clef-minute
Les Six Compagnons devant les caméras
Les Six Compagnons dans la ville rose
Les Six Compagnons de la Croix-Rousse
Les Six Compagnons au gouffre Marzal
Les Six Compagnons et le mystère du parc
Les Six Compagnons et l'avion clandestin
Les Six Compagnons et l'homme des neiges
Les Six Compagnons au village englouti
Les Six Compagnons et le piano à queue
Les Six Compagnons et la brigade volante
Les Six Compagnons et les espions du ciel
Les Six Compagnons et le petit rat de l'Opéra

Les Six Compagnons
et le petit rat de l'Opéra

Paul-Jacques Bonzon

Les Six Compagnons et le petit rat de l'Opéra

HACHETTE

Hachette Livre, 43, quai de Grenelle, 75015 Paris.

Chapitre 1

Les chasseurs d'images

Ce jeudi-là, un après-midi de février, toute la bande se retrouva dans la « caverne ».

Ce que nous appelions notre « caverne » était un ancien atelier de tisserand, dans le quartier de la Croix-Rousse, au bas de la Rampe des Pirates. Il nous servait de lieu secret de réunion. Assis en rond, sur des caisses, nous y discutions de toutes sortes de choses et y préparions nos vacances.

Ce jour-là, nous cherchions à résoudre un problème difficile : réunir assez d'argent pour nous procurer, en commun, un appareil photographique.

Ce projet, à vrai dire, n'était pas nouveau. Que de fois, pendant les vacances, avions-nous regretté de ne pouvoir rapporter quelques clichés que nous regarderions, ensemble, dans cette « caverne » ! Il est vrai que, depuis certaine aventure en Savoie[1], tout ce qui, de près ou de loin, touchait à la photographie nous effrayait un peu.

Le projet oublié était donc revenu à la surface quelques jours plus tôt, quand un grand journal lyonnais avait annoncé un concours de chasseurs d'images dans les vieux quartiers de la ville. Le premier prix en était un vélomoteur de luxe.

Un vélomoteur !... De quoi nous faire rêver ! Nous n'avions jamais roulé que sur de vieux vélos rafistolés, aux roues voilées et dont les freins nous lâchaient dans les descentes. Nous nous imaginions déjà sur l'engin, dans les rues en pente de la Croix-Rousse.

Seulement, voilà ! Pour gagner, il nous fallait un appareil et pas n'importe lequel, un instrument précis, autant que possible muni d'un flash, pour saisir sur le vif les scènes les plus inattendues.

Sitôt la bande au complet, chacun donna son avis.

— Je me suis renseigné sur les prix, commença Gnafron, le plus petit des Six Compagnons. Pour un appareil convenable, il faut compter au moins 500 francs.

— Penses-tu, se récria Corget, le chef de la bande, j'en ai vu dans une vitrine, nettement moins cher.

— C'est vrai, approuva Bistèque, le fils d'un

---

1. Voir *Les Six Compagnons et l'Homme des Neiges*.

commis boucher ; et pourquoi l'acheter neuf ? Mon père, à qui j'en ai parlé, m'a indiqué, rue de la République, une boutique spécialisée dans les occasions.

— Non, protesta la Guille, le fantaisiste de l'équipe, pas d'appareil d'occasion ; nous n'y connaissons rien, à coup sûr on se fera rouler.

Et, se tournant vers moi :

— Qu'en penses-tu, Tidou ?

C'était aussi mon avis. Rien ne me paraissait plus simple que d'acheter un vélo d'occasion, au marché aux puces, mais un appareil photo !...

— Vous mettez la charrue avant les bœufs, coupa le Tondu, le plus grand de la bande, ainsi nommé parce qu'une étrange maladie l'avait laissé, quelques années plus tôt, complètement chauve. — Avant de nous décider, il faudrait savoir quelle somme nous pourrions y mettre. Moi, je peux avancer 150 francs.

Il fouilla sa poche.

— Les voilà, c'est ce que ma grand-mère m'a donné le jour de mon anniversaire... et vous ?

— Moi, déclara Gnafron, je n'ai rien pour le moment, mais si je fais quelques courses en ville, pour mon voisin, le droguiste, j'aurai des pourboires.

À eux trois, la Guille, Bistèque et Corget ne pouvaient réunir une bien grosse somme. Quant à moi, huit jours plus tôt, j'avais utilisé presque toutes mes économies pour l'achat d'une plante magnifique à l'occasion de la fête de maman.

Corget fit le compte. Au total, la somme dépassait à peine cinq cents francs.

— Nous pourrions vendre nos patins à roulettes, proposa Gnafron. À l'école, je connais le fils d'un « soyeux[1] » qui les achèterait peut-être.

— Penses-tu ! fit Corget, le fils d'un soyeux ne voudra pas de patins d'occasion ! Nous aurions plus de chance avec l'un de nos vélos.

Cette dernière proposition souleva un tonnerre de protestations.

— Ah ! non, ne touchons pas aux vélos. Les vacances de Pâques seront vite là, Comment filerons-nous, tous ensemble, à la campagne ?

Je pensai alors à Mady, la seule fille de la bande. Elle accepterait certainement de participer à l'achat.

C'était une bonne camarade, en quelque sorte notre conseillère. Nous prenions souvent son avis... et, un jour, n'avait-elle pas retrouvé mon chien perdu dans Lyon[2] ?

— Évidemment, fit Corget, il faut parler de notre projet à Mady. Elle sera vexée de ne pas verser sa part.

— Eh bien, allons la voir tout de suite, dit vivement Gnafron, toujours décidé à mener rondement les affaires. Par ce mauvais temps, elle est sûrement chez elle.

C'était, en effet, un triste jour de février, humide et froid sous son ciel gris et bas. Avec

1. « Soyeux », fabricant de soieries à Lyon.
2. Voir *Les Compagnons de la Croix-Rousse.*

mon chien Kafi, qui nous suivait partout, nous quittâmes notre « caverne ». Mady, dont le père était employé de trolleybus, n'habitait pas très loin, dans la rue des Hautes-Buttes. Seule à la maison, elle apprenait ses leçons pour le lendemain. Corget lui montra l'article du journal qui annonçait le fameux concours de chasseurs d'images et expliqua notre projet d'acheter en commun un appareil photo. Il n'en dit pas davantage, Mady avait déjà compris.

— Quelle bonne idée ! s'écria-t-elle. Attendez, je vais chercher ma tirelire.

Elle disparut dans sa chambre et revint avec un minuscule chalet de bois savoyard dont le toit, muni d'une charnière, formait le couvercle d'un coffret.

— Vous tombez bien ! Je faisais justement des économies. Je voulais acheter une cage avec deux serins. Ce sera pour plus tard.

Et, vidant le contenu du chalet sur la table de la cuisine :

— Ajoutez cela à ce que vous avez.

La bande protesta.

— Non, Mady, pas tout.

— Pourquoi ? Je suppose que vous avez entièrement donné ce que vous aviez.

— Nous étions moins riches que toi.

Elle se mit à rire.

— Vous avez vidé vos poches ; moi, je vide ma tirelire.

De force, elle remit l'argent à Corget et, curieuse, demanda :

— Quand comptez-vous acheter cet appareil ?

— Le plus tôt possible. Le concours est déjà commencé ; il se termine dans deux semaines.

— Pourquoi pas tout de suite ? puisque nous sommes tous réunis, fit encore le petit Gnafron, toujours lui.

— D'accord, approuva Mady, pourquoi pas aujourd'hui ? Je peux vous accompagner.

Pour rassurer sa mère, au cas où celle-ci rentrerait, elle griffonna un mot qu'elle laissa en évidence sur la table, et jeta un imperméable sur ses épaules.

— Direction, place des Terreaux ! lança la Guille, je vous montrerai une boutique de photographe, bien pourvue.

Il ne pleuvait pas, mais les lampadaires brillaient déjà dans les rues envahies par la nuit tombante. Croyant que nous partions pour une longue promenade, mon chien Kafi gambadait de l'un à l'autre en poussant de petits grognements de plaisir. La place des Terreaux, une des plus belles de Lyon, avec sa fontaine monumentale, grouillait de monde. La Guille nous conduisit tout droit vers la boutique qu'il avait repérée et, le nez aplati contre la vitrine, passa en revue les appareils. Il y en avait de tous les formats et à tous les prix. Comment choisir ?

— Entrons, dit Corget, le marchand nous conseillera, c'est son métier.

Devant cette invasion de « gones » (c'est ainsi qu'on appelle les gamins de Lyon) et impressionné par la taille de Kafi, le photographe commença par froncer les sourcils. Il les défronça vite en apprenant que nous venions acheter un appareil pour faire le concours du journal.

— Pas un appareil trop cher, précisa Gnafron... mais pas non plus de la camelote.

Le marchand sourit.

— Je vois ce qu'il vous faut.

Il alla chercher, à l'étalage, un petit appareil que nous n'avions même pas remarqué.

— Si petit ! fit Gnafron, déçu.

Puis, apercevant l'étiquette :

— Et si cher ?

Le marchand expliqua que la taille n'avait rien à voir avec le prix et, qu'en général, les appareils de format réduit étaient les plus pratiques pour l'usage que nous voulions en faire. Celui qu'il proposait, muni d'un excellent objectif et d'un obturateur très rapide, permettait d'étonnants instantanés. De plus, il pouvait fonctionner avec un flash d'un modèle nouveau, très simple.

Le commerçant ne tarissait pas d'éloges sur cet appareil, dont il affirma avoir récemment vendu deux exemplaires à des journalistes professionnels.

Alors, à quoi bon hésiter, puisque nous n'y connaissions rien ? Le sort en était jeté. Complaisamment, le marchand nous expliqua le fonctionnement de la petite boîte noire, la façon de la charger, et donna quelques indications sur la manière de prendre les clichés. Enfin, il nous fit cadeau d'un rouleau de pellicules, et du « manuel du parfait chasseur d'images » et, nous invitant à revenir le voir, il nous souhaita bonne chance pour le concours.

Quelques instants plus tard, nous nous retrouvions sur la place des Terreaux, entourant Corget qui tenait notre précieuse acquisition. Tout s'était passé si vite que nous nous trouvions presque gênés. Non, ce n'était pas le regret d'avoir, d'un seul coup, englouti nos économies, mais autre chose.

Il nous semblait que ce petit « perceur de secrets », comme le marchand l'avait appelé, allait peut-être nous conduire vers une nouvelle aventure.

Chapitre 2

Un soir, dans une « traboule »

Depuis une semaine, chaque soir, nos devoirs terminés, nous arpentions les vieux quartiers de Fourvière et de la Croix-Rousse, à la recherche de sujets sensationnels. Le métier de chasseur d'images se révélait difficile. Il nous arrivait de nous trouver brusquement devant une scène intéressante, mais, le temps de braquer l'appareil, de déclencher le flash, et c'était trop tard. Sans doute, la Guille avait-il surpris une grosse dame s'étalant au beau milieu d'une ruelle avec son filet à provisions, et Bistèque, un ramoneur aussi noir que la suie, dégustant une énorme boule vaporeuse de « barbe à papa » ; ce n'étaient cependant pas là, au dire de notre photographe, des réussites capables de nous faire gagner le concours.

Pourtant, nous ne nous tenions pas pour battus et, chaque jour, isolément ou par petits groupes, à tour de rôle, nous repartions en chasse. Les parents de Mady ne laissaient pas volontiers leur fille sortir seule, le soir, dans ces rues obscures, mais ils lui avaient permis de nous accompagner.

Un soir, je partis seul avec elle et Kafi. Il ne restait plus que quelques jours avant la fin du concours. Où trouver la scène inattendue qui nous donnerait notre chance ? Je proposai à Mady de descendre vers le pied de la Croix-Rousse, où s'ouvrent de nombreuses « traboules », ces passages voûtés et sombres, particuliers à Lyon.

— Dans les traboules ?... à la tombée de la nuit, se récria Mady, tu n'y penses pas ?

— Que craignons-nous, avec Kafi ?

Il était six heures. Le ciel, désespérément bas, donnait presque l'impression de la nuit. L'appareil en sautoir, flash branché, je ressemblais à un chasseur en quête de gibier. Je m'engageai avec Mady, dans ces rues en pente où les vieilles bâtisses s'accrochent comme elles peuvent à flanc de colline.

Pendant plus d'une heure, nous errâmes, en vain, dans ces voies obscures et impressionnantes. À un endroit, je crus tenir enfin mon sujet : des enfants qui jouaient devant le portail sculpté, d'une ancienne belle demeure bourgeoise. Hélas ! au dernier moment, les « gones » m'aperçurent et se figèrent en regardant l'objectif, ce qui enlevait tout intérêt à la scène.

— Eh bien, constata Mady, la chasse aux

images n'est décidément pas aussi facile que je l'aurais cru.

Déçus, nous remontions un raidillon pour rentrer chez nous, quand Kafi s'immobilisa devant un porche, les oreilles pointées en avant.

— Viens, Kafi ! lança Mady. Il n'y a rien d'intéressant de ce côté.

Mais obstinément, Kafi demeurait à l'entrée de la « traboule ». Je revins sur mes pas. Au moment où je saisissais mon chien par le collier, je crus percevoir une sorte de plainte, ou plutôt des sanglots étouffés. Je fis signe à Mady de me rejoindre et, sans lâcher Kafi, je m'avançai sous la voûte mal éclairée.

— Donne-moi la main, réclama Mady, j'ai peur.

Je ne fis pas plus d'une dizaine de mètres. Soudain, je m'arrêtai. Quelqu'un, assis sur une marche, pleurait, la tête dans les mains. C'était une toute jeune fille, de l'âge de Mady. Une petite valise à ses pieds, elle semblait désemparée. En apercevant Kafi, elle prit peur et se leva pour fuir. Mady la retint et demanda :

— Pourquoi pleurais-tu ? Et regardant la valise, elle ajouta : — Tu n'es pas de Lyon ?... Tu as perdu ton chemin ?

La jeune inconnue secoua la tête.

— Laissez-moi rentrer chez moi, je ne suis pas perdue.

Cependant, elle ne bougeait pas.

— Pourquoi pleurais-tu ? insista Mady. Puis

croyant comprendre à cause de la valise : — Tu as eu des ennuis, chez toi... Tu partais ?

Elle ne répondit pas, fit deux pas pour s'éloigner, mais sans conviction, comme si quelque chose la retenait là. À mon tour, je demandai :

— Est-ce à cause de cette valise, que tu es embarrassée ?

Elle approuva de la tête, laissa échapper un soupir et nous entraîna à l'entrée de la « traboule » éclairée faiblement par un lampadaire de la rue.

— Mes affaires ! soupira-t-elle, dans quel état elles sont !

Elle déposa la valise à terre, une valise usagée, de couleur verte.

— Voyez, fit-elle, en soulevant le couvercle, tout est saccagé.

Elle retira quelque chose que Mady identifia aussitôt.

— Oh ! un tutu de danseuse !

— Oui, reprit la jeune fille, regardez, il a été tailladé, déchiré... les chaussons aussi d'ailleurs.

— Qui a fait cela ?

Elle se reprit à pleurer.

— Je ne sais pas ; certainement une danseuse jalouse de moi.

— Tu suis donc des cours de danse ?

— Presque chaque soir, en ce moment, à cause du concours ; il a lieu le mois prochain.

— Quel concours ?

— Celui de l'Opéra de Lyon. Cette année, on

ne prend que sept petits rats et nous sommes plus de quatre-vingts à concourir, dans toute la ville.

— Et c'est à cause de ton tutu et de tes chaussons abîmés que tu as tant de chagrin ? Ce n'est pas si grave.

Elle se redressa.

— Pas si grave, dites-vous ?... À la rigueur, les chaussons pourraient peut-être se réparer, mais le tutu, surtout pour l'examen !...

— Crois-tu vraiment que tes parents refuseraient cette dépense, puisque tu n'es pas coupable ?

Elle baissa à nouveau la tête.

— Mes parents, soupira-t-elle, c'est déjà beaucoup qu'ils m'aient laissée suivre les cours de danse jusqu'à présent.

— Pourtant, si tu as une chance d'entrer à l'Opéra ? Cela leur déplairait que tu réussisses ?

— Oh ! non, mais ils ne sont pas riches. Je suis grande, à présent, je ne veux plus rien leur demander parce que.., parce que... Non, je ne peux pas vous dire.

Nous attendîmes, espérant qu'elle s'expliquerait, mais elle n'ajouta rien. Alors Mady me regarda. Elle aussi avait les larmes aux yeux, et je compris ce que son regard signifiait. Toujours prête à aider ceux qu'elle voyait dans l'embarras, elle avait pensé que nous pouvions faire un geste, et elle me demandait de l'approuver. D'un mouvement des paupières, je donnai mon assentiment. Alors, elle questionna :

— Combien coûte un tutu comme le tien ?

— Il y en a à tous les prix. On en trouve à partir de 400 francs.

— Et les chaussons à pointes ?

— Presque autant.

Mady réfléchit. Nous avions épuisé nos économies. Malgré tout, pour voir cesser les larmes de cette jeune fille, elle était prête à n'importe quoi.

— Écoute, fit-elle, si tu veux, nous pourrions peut-être t'aider à acheter un nouveau tutu et des chaussons.

La petite danseuse protesta :

— Oh ! non, je n'accepterai pas... Je ne veux rien devoir à personne... et puis, je ne vous connais pas.

— Nous sommes de la Croix-Rousse, comme toi... Je m'appelle Mady. Lui, c'est Tidou. Il a gardé l'accent du Midi parce qu'il est né en Provence, mais il est lyonnais. Nous avons aussi d'autres camarades, dans le quartier. Nous nous entendons bien. Je suis sûre qu'ils ne demanderaient pas mieux que de faire quelque chose pour toi.

Elle nous considéra avec étonnement. Les paroles de Mady l'avaient touchée. Elle sortit son mouchoir et s'essuya les yeux.

— Oh ! soupira-t-elle, vous feriez ça, vous qui ne me connaissiez pas, il y a cinq minutes ?

— Nous ne demandons qu'à te connaître mieux. Comment t'appelles-tu ?

— Lyane.

— Alors, écoute, Lyane, pour le moment, bien sûr, nous ne pouvons rien décider. Il faut que nous voyons les autres, mais réfléchis à ce que nous te proposons.

Elle ne répondit pas.

— Nous reviendrons demain, poursuivit Mady. Où pourrions-nous te retrouver ?

La petite danseuse réfléchit et murmura :

— À l'école de danse. Ce n'est pas loin d'ici, rue des Capucins. Vous verrez une inscription sur la porte : NADIA KOULOFF – DANSE CLASSIQUE. Vous entrerez dans la cour. La salle de travail se trouve à droite ; de l'autre côté, à gauche, vous entrerez dans une grande place partagée en deux par une cloison. Au fond, c'est le vestiaire, où nous nous déshabillons pour nous mettre en tenue. L'autre partie sert de salle d'attente, où les parents viennent chercher leurs filles. Vous n'aurez qu'à vous trouver là vers six heures et demie.

— Nous y serons, Lyane.

Enfin un sourire éclaira le visage de la petite danseuse qui me parut très beau.

— Vous êtes gentils, murmura-t-elle, vous m'avez redonné confiance. J'étais si ennuyée tout à l'heure.

Elle prit nos mains, les serra avec émotion et s'en fut, dans l'ombre de la « traboule ».

Dès qu'elle eut disparu, Mady se tourna vers moi, l'air ennuyé.

— Tidou ! fit-elle vivement, pardonne-moi, je n'aurais peut-être pas dû... Je n'ai pas su résister ; elle paraissait si malheureuse ! Tout à l'heure, je t'ai regardé, j'ai cru que tu m'approuvais. Sincèrement, qu'en penses-tu ?

— Elle m'a ému, moi aussi. Nous n'avons plus d'argent. Cependant nous pouvons toujours revendre cet appareil.

— C'est ce que je me suis dit... mais les autres Compagnons ?

— Je leur parlerai.

— Crois-tu qu'ils accepteront ?

J'hésitai à répondre. Les Compagnons comprendraient-ils notre geste ? Ils n'avaient pas vu le désespoir de Lyane.

— Quand comptes-tu les voir ? demanda Mady.

— Ce soir, il est trop tard ; demain matin, à l'école.

Nous remontâmes vers la Croix-Rousse en silence. Cette rencontre nous avait troublés. Au moment de nous séparer, Mady déclara :

— Insiste beaucoup auprès de nos camarades, Tidou. Je suis sûre que ce petit sacrifice nous portera plus de chance que si nous gagnions le concours.

Il était sept heures et demie quand je rentrai chez moi. Ma mère, au courant de nos ambitions pour le concours, me demanda si j'avais réussi de belles photos. Je répondis à peine, préoccupé par ce que je dirais, le lendemain, à mes camarades.

Durant le repas du soir, je ne pensai qu'à cela... et j'y pensai encore, dans mon lit, avant de m'endormir. Pour le Tondu, je ne me faisais pas de souci. Il admirait beaucoup Mady et était toujours de son avis. D'ailleurs, les trois mauvaises photos qu'il avait prises ne l'encourageaient pas à prolonger l'expérience. Pas d'inquiétude non plus pour la Guille que son âme de poète rendait sensible... mais Bistèque, Gnafron et Corget ? C'était Corget qui avait lancé l'idée de ce concours. Consentirait-il à ce que nous revendions l'appareil, simplement pour faire plaisir à une fille qu'il ne connaissait pas ?

À force de m'imaginer leurs objections, je finis par leur donner raison et croire que nous avions eu tort, Mady et moi, de nous laisser attendrir.

Cependant, chaque fois que repassait devant mes yeux le visage de la petite danseuse, une voix me disait, secrètement : « Non, Tidou, cette jeune fille était sincère. Elle avait un réel chagrin. Elle ne nous demandait rien ; c'est Mady qui lui a proposé de l'aider ; nous ne pouvons revenir sur notre promesse. »

Alors, apaisé, je caressai Kafi qui, comme tous les soirs, avant de s'étendre sur la vieille descente de lit, posait sa tête sur mon drap, puis j'éteignis la lumière et m'endormis.

Chapitre 3

Mady triomphe

Le lendemain, je partis pour l'école plus tôt que d'ordinaire, espérant avoir le temps de parler à notre groupe avant la rentrée. Mais ce matin-là il pleuvait. Les Compagnons arrivèrent seulement au moment où la cloche sonnait.

— T'en fais une drôle de tête, remarqua Corget, mon voisin de banc à l'école, en s'asseyant à côté de moi. Il t'est arrivé quelque chose ?

— Je t'expliquerai tout à l'heure.

À la récréation, je réunis toute l'équipe dans un coin de la cour, racontai la scène de la veille et rapportai ce que nous avions envisagé, Mady et moi.

Catastrophe ! Un chien au milieu d'un jeu de quilles n'aurait pas produit pire effet. Bien sûr, je m'attendais à des protestations..., mais pas à ce point. À part le Tondu, qui hésitait à contredire Mady, tout le monde me tomba sur le dos.

— Non ! clamait Bistèque. Nous ne pouvons pas revendre notre appareil, surtout pas avant la clôture du concours !

— Si Mady veut jouer les saint-bernard, fit Gnafron, ça la regarde, ce n'est pas notre affaire.

— Et puis, ajouta la Guille, pensez au vélomoteur ! Nos premières photos étaient ratées, j'en conviens, mais les dernières sont presque bonnes... et nous ferons encore des progrès. Justement, hier soir, en me promenant, j'ai repéré un coin épatant du côté de la place Saint-Jean.

Devant pareille coalition, je n'avais plus qu'à m'incliner. Assez fâché contre moi, Corget ne me souffla mot jusqu'à la fin de la classe. À la sortie, au lieu de m'attendre, près de la grille, la bande s'éclipsa comme une volée de moineaux. Découragé, je n'osai revoir tout de suite Mady pour lui annoncer que les autres étaient contre nous. Je rentrai directement chez moi. Je devais faire assez triste mine, car ma mère s'imagina aussitôt que je couvais une mauvaise grippe, et mon père, lui, me demanda si je n'avais pas eu une mauvaise note en classe.

À la rentrée de l'après-midi, au lieu de me hâter, comme le matin, je m'arrangeai pour arriver à la dernière minute afin d'éviter mes camarades. À cause de Mady, je me sentais malheureux. Que dirait-elle, ce soir, en apprenant que personne n'était décidé à la suivre ? Elle serait si déçue !

À la récréation, sous un prétexte quelconque,

je restai dans la classe, au lieu de sortir avec les autres. Pendant ce quart d'heure, je cherchai à concilier l'inconciliable. Je n'avais toujours rien trouvé quand la cloche sonna. Corget revint tranquillement reprendre sa place à côté de moi, sans mot dire. Cependant, au bout d'un moment, il me glissa :

— Attends-nous, tout à l'heure, à la sortie !

Il n'ajouta rien mais, au ton de la voix, je compris que c'était sérieux. Qu'avait-il décidé, pendant la récréation, avec le reste de la bande ?

J'attendis, avec impatience, la fin de la classe et, quand les trois ou quatre cents élèves de l'école s'égaillèrent, les Compagnons m'entourèrent, devant la grille. Ils n'avaient plus leur air fâché du matin et paraissaient plutôt embarrassés.

— Voilà, commença le Tondu, pendant la récréation, nous avons réfléchi. Nous aimons Mady autant que toi ; ça nous ennuie de lui faire de la peine. Après tout, la jeune fille que vous avez rencontrée est peut-être malheureuse... seulement, tu comprends, Tidou, nous ne pouvons pas, comme ça, sans la connaître... est-ce que nous pourrions la voir ?

— Je vous l'ai dit, elle nous a donné rendez-vous ce soir, au cours de danse, rue des Capucins.

— On peut aller avec vous ?

— Bien sûr ! Mady lui a parlé de vous ; elle ne sera pas suprise.

Ils échangèrent un regard, et Corget déclara :

— C'est bien, Tidou, nous irons... et nous verrons...

Ce revirement inattendu, inespéré, me redonna espoir.

— Alors, rendez-vous à six heures, au bas de la Rampe des Pirates !

Je serrai la main à tous et, mon cartable sous le bras, courus prévenir Mady. Je la rencontrai, au bout de la rue des Hautes-Buttes, qui rentrait de l'école, elle aussi. De loin, je lui criai, joyeux :

— Ils ont presque accepté ! Ils demandent seulement à la voir. Rendez-vous à six heures, devant notre « caverne » !...

Toujours en courant, je remontai la rue de la Petite-Lune, où j'habitais, et grimpai quatre à quatre les cinq étages. Goûter achevé, leçons apprises, je redégringolai, avec mon inséparable Kafi, vers la Rampe des Pirates. Deux camarades étaient déjà là. Les trois autres, avec Mady, devaient nous rejoindre presque aussitôt.

Ensemble, nous descendîmes vers la rue des Capucins, proche de la place des Terreaux, et nous découvrîmes l'école de danse. L'immeuble qui l'abritait était vétuste, mais curieux. C'était un de ces anciens hôtels particuliers, si nombreux dans ce quartier qui fut autrefois le cœur de la ville. Le porche franchi, une cour pavée offrait aux regards surpris de magnifiques fenêtres à meneaux, entourées de riches sculptures du plus bel effet.

— La salle d'attente se trouve à gauche, indiqua Mady.

Par une porte restée ouverte, on apercevait des femmes, assises sur des bancs, tricotant ou bavardant.

— Il y a trop de monde, dit Corget, restons dans la cour avec Kafi ; il ne pleut presque plus.

Le cours finissait à six heures et demie, notre attente ne fut pas longue. Bientôt, les bruits rythmés qui s'échappaient de la salle de danse cessèrent, faisant place à un joyeux tumulte. Une porte s'ouvrit à grand fracas. Un essaim de jeunes danseuses, toutes blanches dans leurs tutus froufroutants, traversa la cour pour gagner le vestiaire, sautant sur les pavés mouillés pour ne pas salir leurs chaussons de satin. Combien étaient-elles ? vingt ? trente ? davantage peut-être.

Ce tableau me frappa. Instinctivement, je saisis l'appareil que, pour la dernière fois, j'avais emporté. Un seul cliché restait à prendre avant la fin de la bobine. L'éclair du flash inonda la cour de lumière... suivi des cris de surprise des petites danseuses. Tout à ma photo, je n'avais pas pris le temps de reconnaître Lyane, mais Mady l'avait repérée, au milieu de cette nuée de mouettes.

— Venez ! s'écria-t-elle en s'élançant pour la rattraper.

La bande s'engouffra dans la salle d'attente,

où l'irruption de Kafi effraya deux vieilles dames qui poussèrent de hauts cris.

— Lyane ! appelait Mady ; Lyane ! Je suis revenue avec mes amis ; ils sont là !

Au lieu de passer au vestiaire, comme les autres, la jeune danseuse s'approcha, rougissante, impressionnée par notre nombre. S'apercevant que le va-et-vient, dans la salle, nous gênait, Lyane dit vivement :

— Patientez quelques instants, mes camarades vont sortir. Nous pourrons alors rester ici. Un autre cours commence à huit heures. Entre-temps, la salle demeure vide.

Bientôt, en effet, les dernières petites danseuses et leurs parents s'éloignèrent. Alors Mady présenta nos camarades à Lyane, tout intimidée devant tant de garçons... Nous l'étions encore plus qu'elle.

C'était la première fois que nous approchions une petite ballerine en tenue !

— Tu vois, fit Mady, les Compagnons de la Croix-Rousse, comme on les appelle, ont voulu te connaître.

Elle sourit, d'un sourire triste qui nous frappa.

— Je vous remercie d'être venus, fit-elle, mais c'était inutile. Cette nuit, j'ai réfléchi ; c'est la dernière fois que je viens au cours de danse.

Mady ne put réprimer son étonnement.

— Comment ? Lyane,... est-ce à cause de ton tutu et de tes chaussons ?... Tu as déjà oublié ce que nous t'avons dit hier soir ?

Elle secoua la tête.

— Ce serait inutile. Si quelqu'un est jaloux de moi, rien ne l'empêchera de recommencer.

— Tu as des soupçons précis ?

Elle eut un geste évasif.

— Cela n'a plus d'importance.

Mady, désolée, insista :

— Voyons, Lyane, ce n'était probablement qu'un mouvement de mauvaise humeur de la part d'une camarade. Je suis sûre qu'à présent elle regrette son geste.

Elle tourna vers nous un regard anxieux.

— Quelqu'un me veut du mal. Je ne t'ai pas tout dit, Mady, dans la traboule. Avant-hier soir, en sortant d'ici, j'ai eu très peur. J'ai eu l'impression que quelqu'un me suivait. Heureusement, je n'étais pas seule. Une camarade qui habite près de chez moi m'accompagnait.

— Qui vous suivait ?... un homme ? une femme ?

— Une femme.

— Si elle surveillait quelqu'un, ce n'était peut-être pas toi, mais ta camarade.

— Non. Tout à l'heure, en descendant vers la rue des Capucins, quelqu'un marchait encore derrière moi, à distance ; un homme cette fois. Pourtant je n'étais pas avec la même camarade.

— Voyons, Lyane, tu te fais des idées. Pourquoi quelqu'un surveillerait-il tes allées et venues dans la rue ? Quel rapport avec la danse ?

— Justement, c'est ce qui m'inquiète... mais c'est fini, puisque je ne danserai plus.

Elle baissa la tête. Deux larmes roulèrent sur ses joues. Mady tenta encore de la consoler, lui répétant qu'elle se faisait des idées et qu'elle ne devait pas tenir compte d'une petite jalousie passagère. Puis elle ajouta :

— Et cette décision de ne plus danser, tu l'as annoncée à tes parents ?

Elle tressaillit. Je compris que cette question l'embarrassait.

— Tu as peur d'être grondée ? insista Mady. Ils ne sont pas gentils avec toi, tes parents ?

— Oh ! si, très gentils, au contraire, seulement...

Sa phrase resta en suspens, puis elle baissa à nouveau la tête et se reprit à pleurer. D'une voix à peine perceptible, elle murmura :

— Ce ne sont pas mes vrais parents.

Cette fois, Mady n'osa pas relever la petite phrase. Il y eut un pénible silence. Enfin, Lyane reprit :

— J'ai perdu mes parents, il y a longtemps, dans un accident, quand je n'étais encore qu'une toute petite fille. J'ai été recueillie par un ménage sans enfants... Et puis, beaucoup plus tard, alors que ce ménage avait toujours désespéré d'avoir des enfants à lui, deux jumeaux sont arrivés, un garçon et une fille et, plus tard encore, une autre fille. Ainsi, nous sommes quatre à élever à présent, et mon père adoptif n'est pas riche. Sa santé est mauvaise, depuis quelque temps. Il doit souvent rester à la maison au lieu de travailler au magasin qui l'emploie comme vendeur.

— Pardonne-moi, fit Mady, je ne savais pas tout cela.

Puis, elle ajouta :

— Ainsi, ceux que tu appelles tes parents te font peut-être sentir, à présent, que tu n'es pas leur vraie fille ?

Elle protesta vivement :

— Oh ! non, pas du tout. Ils m'aiment comme leurs propres enfants. Mais ils ont des ennuis d'argent. L'autre soir, je ne dormais pas ; je les ai entendus qui faisaient leurs comptes, dans la cuisine. Ils se font du souci pour l'avenir. C'est aussi pour cela que j'ai décidé d'abandonner la danse. Ils n'auront plus à supporter le prix des leçons et plus tard, dès que je quitterai l'école, j'entrerai en apprentissage. Je souffre trop de les voir se priver à cause de moi.

Elle se tut. Un nouveau silence emplit la salle. Je jetai un coup d'œil vers mes camarades ; ils étaient bouleversés. Alors, Corget s'avança, lui prit la main.

— Nous comprenons ton chagrin, Lyane, mais tu n'es plus seule. Tous les sept, nous sommes tes amis.

Puis, trichant avec la vérité :

— Vois-tu, nous avons de petites économies qui ne nous servent à rien. Prends-les. C'est de bon cœur. Écoute, Lyane, il faut que tu continues à danser au moins jusqu'à l'examen. Nous sommes là pour t'aider, pour te protéger si quelqu'un veut te causer encore des ennuis. Demain, tu auras un tutu et des chaussons neufs.

— Et si tu veux, ajouta Gnafron, nous t'accompagnerons, chaque soir, puisque tu as peur dans la rue.

— Et nous t'attendrons ici, pendant toute la leçon, pour surveiller tes affaires, renchérit le Guille.

Lyane écoutait sans répondre, comme si nos paroles, passant loin d'elle, ne la touchaient pas. Cependant, au bout d'un moment, elle releva la tête, nous regarda longuement, l'un après l'autre ; puis un faible sourire éclaira son visage.

— Est-ce donc vrai ? murmura-t-elle. Vous feriez cela pour moi, simplement par amitié ?

— Par amitié, répéta Mady.

Elle ajouta :

— Et aussi parce que nous avons confiance. Si des camarades sont jalouses de toi pour le concours, c'est certainement que tu as des chances de les devancer. Il ne faut pas laisser prendre ta place par une autre, tu entends, Lyane. Nous avons confiance pour toi.

Alors, peu à peu, l'anxiété et la tristesse qui marquaient son visage se dissipèrent. Elle sourit à nouveau, d'un sourire plus lumineux.

— Merci, fit-elle en tendant les mains vers nous, merci. Vous avez réussi à me redonner confiance. Je vous promets de revenir ici jusqu'à l'examen.

Instinctivement, sentant revivre en elle son amour pour la danse, elle s'était dressée sur ses pointes. Alors Mady lui demanda si elle voulait bien esquisser quelques pas, pour nous.

— Oh ! fit-elle, danser devant vous ?... jamais je n'oserai.

Elle était de nouveau très intimidée ; mais comment mieux nous remercier ? Son désir de faire plaisir l'emporta.

Alors elle s'écarta un peu, arrondit ses bras puis, après s'être un instant immobilisée, toute droite, sur ses pointes, elle se mit à danser. Oh ! cet envol gracieux, cette souplesse, la finesse de ces doigts déliés, l'agilité de ces pas, la précision de ces mouvements, la pureté de ce sourire qui ne quittait pas ses lèvres. Tout, chez la petite ballerine, n'était qu'harmonie et facilité. Jamais je n'avais rien vu d'aussi beau. Bien sûr, nous ne connaissions rien à la danse, nous ne pouvions pas comparer. Cependant nous sentions que, dans ces quelques pas, Lyane mettait toute son âme. Elle en était transfigurée.

Quand elle s'arrêta, à peine essoufflée, on aurait dit un oiseau qui se posait à terre après un long voyage aérien. Tous les Compagnons applaudirent et mon brave Kafi se mit à battre de la queue, comme si ce spectacle l'avait séduit, lui aussi.

Mady, elle, rayonnait. Ah ! elle pouvait se

vanter d'avoir gagné une belle partie ! Tout à l'heure, en écoutant Lyane parler de sa famille, nous étions déjà décidés à sacrifier notre appareil photographique. À présent, s'il l'avait fallu, nous aurions donné notre chemise.

Chapitre 4

Gros titre sur les journaux

Dès le lendemain, nous étions descendus sur la place des Terreaux demander au marchand, en même temps que nous lui donnions à développer la dernière bobine de pellicules, s'il acceptait de reprendre notre appareil.

Naturellement, le marchand ne nous avait pas remis en totalité la somme que nous lui avions versée puisque l'appareil n'était plus neuf. Cependant, il avait reconnu que nous avions eu soin de notre acquisition ; et nous étions satisfaits de ce qu'il nous offrait.

Ainsi, nous avions assez d'argent. Sans plus attendre, Mady avait acheté un tutu et des chaussons neufs dans le meilleur magasin de Lyon, et avait directement apporté ses emplettes à l'école de danse. Émerveillée, surtout par le tutu, plus beau que l'ancien, Lyane avait sauté de joie.

Depuis ce jour-là, les soirs de répétition, deux

ou trois d'entre nous vinrent attendre la petite danseuse sous ses fenêtres pour l'accompagner jusque dans la rue des Capucins. Pendant la leçon, nous patientions dans la salle de danse en surveillant les affaires qu'elle nous avait laissées en garde. Une heure plus tard, nous remontions avec elle, rue des Tourettes.

Ces sorties se répétaient depuis plusieurs jours et, au cours de nos allées et venues, nous n'avions rien observé d'anormal. Nous commencions à penser que la petite danseuse s'était fait des idées en se croyant espionnée quand, un soir...

C'était un mardi ; j'étais de « service » avec la Guille, pour accompagner Lyane. Comme de coutume, nous étions venus l'attendre sous ses fenêtres, rue des Tourettes. Il était cinq heures et demie et la nuit tombait. Nous longions la place en pente qu'à Lyon on appelle le Jardin des Plantes, quand j'eus l'impression que nous étions suivis. Lyane, qui bavardait avec la Guille, ne s'était aperçue de rien et, pour ne pas l'inquiéter, je ne soufflai mot.

Cependant, en cours de route, je me retournai plusieurs fois. La femme, car c'était une femme, nous suivait toujours. Impossible de distinguer ses traits. Je remarquai seulement qu'elle portait un panier, comme quelqu'un qui descend en ville faire des provisions. M'étais-je trompé ? Pourtant, quand Lyane s'arrêta pour renouer le lacet d'une de ses chaussures, la femme ne nous dépassa pas. Quand nous repartîmes, elle se trouvait toujours derrière nous, à peu près à la même distance, ce qui ne me parut pas normal. Toujours pour ne pas inquiéter Lyane, je ne manifestai rien. Que craignait-elle, en effet, avec nous ?... avec Kafi surtout ?

Cependant, en arrivant rue des Capucins, je laissai la Guille franchir le portail de la cour avec elle et me cachai sous la voûte noyée d'ombre. À peine étais-je là, que la femme passa dans la rue. Elle s'arrêta devant la porte, eut une courte hésitation et, au lieu de continuer son chemin vers la ville, fit demi-tour. M'avançant alors jusqu'à la rue, je la vis se perdre dans le lointain parmi d'autres passants. Pendant son bref arrêt devant la porte où un lampadaire l'éclairait, j'avais eu le temps de l'observer. Elle n'était pas très grande et portait un manteau sombre, noir probablement. J'avais surtout remarqué son panier, en osier, rayé d'une bande rouge assez large.

La femme partie, je rejoignis la Guille et Lyane puis, tandis que la petite danseuse nous adressait un signe amical de la main, et s'en allait vers la salle de travail, je confiai à mon camarade ce que je venais d'observer.

— Bah ! fit-il tranquillement, si cette femme portait un panier, elle allait faire des courses.

— Sans doute, mais elle s'est arrêtée devant la porte pour rebrousser chemin aussitôt.

— Elle avait oublié son porte-monnaie. Ce sont des choses qui arrivent.

— Mais pourquoi, quand Lyane s'est arrêtée pour renouer son lacet, la femme ne nous a-t-elle pas rattrapés ?

— Ça ne t'est jamais arrivé, Tidou, de stopper derrière des gens qui s'arrêtent devant toi, histoire, justement, de savoir pourquoi ils se sont arrêtés ? Pourquoi cette femme aurait-elle suivi Lyane ? D'ailleurs, Lyane ne sort pas que pour le cours de danse. Elle va aussi deux fois par jour à l'école. Si quelqu'un voulait l'aborder quand elle est seule, ce ne serait pas difficile.

La Guille avait raison. Mon imagination de petit Provençal travaillait trop. Alors, imitant mon camarade, je sortis de ma poche mon livre d'histoire et appris ma leçon pour le lendemain, malgré le brouhaha des commères qui nous entouraient.

Une heure plus tard, Lyane reparaissait, souriante, gracieuse, dans son tutu neuf. Elle rayonnait. Nadia Kouloff (une ex-danseuse de l'Opéra de Paris) l'avait complimentée, affirmant qu'elle avait les plus grandes chances pour le concours.

— Que je suis heureuse ! s'exclama-t-elle. Si vraiment je réussis, je le devrai à vous tous. Vous êtes parvenus à me redonner confiance. Quelqu'un peut à nouveau s'acharner sur mes affaires, je ne me découragerai pas.

Au retour, la femme n'était plus dans la rue. Cependant, comme nous débouchions sur la place du Jardin des Plantes, mon attention fut attirée par une auto, arrêtée le long d'un trottoir. J'eus la certitude d'avoir déjà vu cette voiture, une heure plus tôt, quand nous descendions. Elle ne présentait rien de particulier, sinon qu'elle était d'un modèle assez ancien, avec des pare-chocs mangés par la rouille. Mais j'avais remarqué un homme au volant, dans l'attitude assoupie des chauffeurs de taxi qui attendent un client. Cependant, il ne s'agissait pas d'un taxi. L'homme était encore là... mais pas seul. Une femme se tenait à son côté, vêtue de noir, ou de sombre, comme celle qui nous avait suivis. Était-ce elle ? Seul, le panier d'osier à bande rouge aurait pu m'en donner la certitude. L'avait-elle déposé sur la banquette arrière ? Je ne l'aperçus pas. La voiture dépassée, je me retournai brusquement et, à travers le pare-brise, je vis une main pointée dans notre direction, celle de la femme, qui l'abaissa aussitôt.

Que faire pour identifier ces deux personnages ? Profitant de ce que Kafi éprouvait le besoin de s'arrêter quelques instants dans le jardin, je laissai Lyane et la Guille me devancer. Mon intention était de relever le numéro de la voiture. Malheureusement, aucun lampadaire assez proche n'éclairait la plaque arrière, d'ailleurs maculée de boue. Je distinguai seulement les deux premiers chiffres qui formaient le nombre 13 ou 18. Espérant avoir plus de chance avec la plaque avant, je fis un long détour mais, au même moment, la voiture démarra et disparut par une rue transversale, en direction des quais du Rhône.

Alors, je m'approchai de l'endroit où la voiture avait stationné. En plus d'une petite tache d'huile, tombée du moteur, je découvris deux tickets que je pris pour des billets de trolleybus. C'étaient, en réalité, des billets de cinéma, des billets écornés, qui avaient donc été utilisés. Sur les deux bouts de carton, je pus lire :

CINÉMA DU SIÈCLE
FAUTEUIL 1re SÉRIE

Malgré l'humidité de la chaussée, à l'endroit où je les avais trouvés, les billets étaient parfaitement secs. Ils n'avaient donc pas séjourné là longtemps. Avaient-ils été jetés là par les occupants de la voiture ? C'était possible... bien que ce Jardin des Plantes fût un lieu de passage fréquenté. En tout cas ce nom, « Cinéma du Siècle », ne me disait rien. Ce n'était sûrement pas un grand cinéma de Lyon.

J'étais toujours sous le lampadaire. La Guille me héla. Je le rejoignis en courant.

— Eh bien, fit Lyane en riant, qu'as-tu, ce soir, pour nous fausser compagnie à chaque instant ?

Et, au moment où nous arrivions au bas de la rue des Tourettes, elle rappela :

— Vous savez que demain, mercredi, est le seul jour de la semaine où je n'ai pas de cours de danse. Vous n'aurez pas à vous déranger pour m'accompagner.

Elle nous quitta, toute joyeuse, encore sous l'effet des compliments de Nadia Kouloff, et je me retrouvai seul avec la Guille.

— C'est vrai, fit-il, Lyane s'est inquiétée. Pourquoi nous avoir lâchés de cette façon ?

Je parlai de la voiture en stationnement, de l'homme et de la femme qui se trouvaient à bord et montrai les deux billets de cinéma trouvés près du trottoir. La Guille haussa les épaules.

— Décidément, Tidou, pour les idées fixes tu es pire qu'une fille. Que vas-tu t'imaginer ? La voiture stationnait là parce que son chauffeur attendait quelqu'un : la femme qui est venue le rejoindre... et ils sont partis ensemble. Si, à présent, tu te mets à ramasser les vieux billets de cinéma qui traînent dans les rues, nous n'avons pas fini.

Je n'insistai pas. Je l'avoue, je suis un peu susceptible et j'ai horreur qu'on se moque de moi.

Au bas de la rue de la Petite-Lune, je quittai la Guille pour rentrer chez moi.

... Le lendemain, donc, personne n'eut à accompagner Lyane à sa leçon de danse. Heureusement pour elle et pour nous, car le temps avait brusquement changé, passant de l'humidité douceâtre au froid vif.

Pour le jour suivant, un jeudi, la bande s'était donné son habituel rendez-vous dans la

« caverne ». On parla surtout de Lyane. Oublié, notre fameux concours d'images ! Nous ne pensions plus qu'à l'examen de notre jeune danseuse. Pour tous, elle ne pouvait que réussir. La veille, la Guille avait parlé aux autres Compagnons de mes remarques, dans la rue ; eux non plus n'y avaient pas sérieusement prêté attention.

— Ne te tracasse pas, Tidou, m'avait simplement dit Bistèque, il n'arrivera rien à Lyane, puisque, pratiquement, nous ne la quittons pas.

Convaincu qu'ils avaient raison, j'avais fini par me sentir rassuré. Alors, moi aussi, je ne pensais plus qu'au grand jour où elle annoncerait triomphalement son succès... un succès qui serait un peu le nôtre, bien sûr.

Assis sur des caisses, autour d'une bougie qui jetait des lueurs tremblantes sur les parois de la « caverne », nous bavardions tranquillement, quand des coups violents retentirent contre la porte. Furieux, pensant que des « gones » du quartier s'amusaient à nous agacer, le petit Gnafron se leva pour les chasser. Mais, au même moment, une voix appela :

— Ouvrez !... C'est Mady !

La porte grinça sur ses gonds rouillés. À son visage bouleversé, je compris que Mady venait nous apprendre quelque chose de grave.

— Lyane ! fit-elle, la voix coupée. Elle a disparu !

Le mot tomba, comme un pavé dans une

mare. Je me sentis pâlir. Instinctivement, les Compagnons se tournèrent vers moi.

— Oui, poursuivit Mady, je viens de l'apprendre, il y a quelques instants, en sortant faire des courses pour maman. J'arrivais au bas de la rue des Hautes-Buttes quand j'ai entendu un crieur de journaux annoncer l'édition du soir : « Disparition d'une jeune danseuse. »

— Ce ne peut pas être elle, soupira Corget, Lyane n'avait pas de cours de danse hier soir.

— Je sais. Pourtant, lisez !

Elle tendit le journal que Corget déploya nerveusement. Il lut tout haut :

« Disparition d'une jeune danseuse,

« Hier soir, vers 18 h 30, à la sortie du cours de danse qu'elle venait de suivre, une jeune fille a disparu. Inquiets de ne pas la voir rentrer, ses parents ont prévenu la police au milieu de la nuit. Des recherches effectuées immédiatement dans le quartier de la Croix-Rousse n'ont, jusqu'ici, donné aucun résultat. Voici le signalement de la disparue : Lyane Montanin, douze ans et demi, cheveux châtains, assez longs, visage mat, allongé. Manteau bleu foncé à gros boutons carrés noirs. Au moment de sa disparition, elle portait une petite valise verte assez usagée. D'après Mme Nadia Kouloff, directrice de l'école de danse, il pourrait s'agir d'une fugue, à la suite d'une contrariété. Adresser tous renseignements au commissariat de l'hôtel de ville. »

La bande resta muette de saisissement. Il s'agissait bien de notre camarade. Pourtant, elle ne devait pas descendre au cours de danse mercredi. Elle nous l'avait répété... Et quelle était cette nouvelle contrariété ? Nous l'avions laissée si radieuse !

Alors, sans crainte, cette fois, qu'on se moque de moi, je parlai de la voiture qui stationnait, la veille, près du Jardin des Plantes, et des étranges allées et venues de la femme. Mes camarades m'écoutèrent avec attention mais se montrèrent sceptiques. Pourquoi aurait-on enlevé Lyane ?

Corget consulta sa montre : cinq heures moins cinq, presque l'heure où, normalement, nous aurions dû aller chercher Lyane. Certainement, Mme Kouloff attendait déjà ses élèves dans la salle de répétitions.

— Descendons la voir, décida-t-il. Nous saurons exactement ce qui s'est passé et pourquoi une répétition avait lieu, hier, alors que Lyane avait affirmé le contraire.

Chapitre 5

La lettre

La salle de répétitions était déjà éclairée. Mady frappa à la porte. Une femme vint ouvrir. Elle n'était plus très jeune et portait ce qu'on appelle un « collant » noir.

— Madame Kouloff ? demanda Mady.

— Elle-même... Que désires-tu ?

— C'est au sujet de Lyane Montanin. Nous venons d'apprendre, par le journal, qu'elle a disparu. Nous voudrions savoir comment cela est arrivé.

Nadia Kouloff était restée dans l'embrasure de la porte, en barrant ainsi le passage. Elle fronça les sourcils.

— J'ai dit tout ce que je savais à la police. Cette affaire ne concerne plus qu'elle. Si vous désirez des détails, vous les apprendrez par la presse.

Malgré ces paroles peu encourageantes, Mady insista.

— Nous sommes des camarades de Lyane. Nous la connaissons depuis peu de temps mais nous avions pris l'habitude de l'accompagner, chaque jour, au cours de danse. Nous n'avons manqué qu'un soir... celui où elle a disparu. Nous ne comprenons pas.

Les sourcils de la danseuse se desserrèrent. Elle nous considéra, les uns après les autres, sans oublier Kafi. Puis, pensant que nous pourrions peut-être lui apprendre quelque chose, elle nous laissa entrer.

Une vaste salle s'ouvrit devant nous, une salle aux murs nus. Sur trois côtés, couraient de longues barres de bois, lisses ; les fameuses barres auxquelles se tiennent les danseuses pendant leurs difficiles exercices d'assouplissement. Le quatrième côté était presque entièrement occupé par une vaste glace (fêlée dans un angle), destinée aux jeunes danseuses, pour leur permettre de corriger elles-mêmes leurs attitudes... du moins, c'est ce que je supposai. Sur le sol, aucun tapis, mais le plancher était presque usé par le frottement continuel des chaussons.

— Ainsi, reprit Nadia Kouloff, vous aviez l'habitude d'accompagner Lyane, chaque soir ?

— Elle avait peur, dans la rue... et nous savons qu'elle avait eu des ennuis, ici.

— Vous voulez parler de ses affaires déchirées au vestiaire ? Je suis au courant. Tout s'était arrangé, puisque ses parents avaient remplacé tutu et chaussons.

— Ses parents ? s'étonna Gnafron.

— Qui voulez-vous que ce soit ?

— Nous autres... avec nos économies.

La danseuse réprima un mouvement de surprise.

— Oui, expliqua Mady, Lyane ne voulait rien demander à ses parents. Un soir, nous l'avons trouvée pleurant sous un porche. Elle parlait de renoncer à l'examen. Alors, nous nous sommes cotisés pour lui acheter un tutu et des chaussons.

Le geste que nous avions fait toucha Nadia Kouloff dont le visage, détendu, nous devint tout de suite sympathique.

— Elle avait donc tant de chagrin, ce soir-là ?

— Oh ! madame ; si vous l'aviez vue !

La danseuse soupira et murmura, comme pour elle-même :

— Pauvre petite Lyane !... C'est donc bien cela !

— Que voulez-vous dire ? demanda Mady.

— Le soir de sa disparition, elle a de nouveau trouvé ses affaires abîmées.

Nous nous regardâmes, consternés. Nadia Kouloff expliqua :

— Selon l'habitude, nous avions commencé le cours par des exercices d'assouplissement aux barres. Pour ce travail, mes élèves étaient, pour la plupart, en « collant », comme moi-même en ce moment. Mais j'avais encore demandé qu'elles apportent leurs tutus pour faire une petite répétition du concours, en fin de séance. Tandis que les jeunes filles se changeaient au vestiaire, j'ai vu Lyane revenir affolée, annonçant que ses affaires étaient à nouveau saccagées. Indignée, j'ai aussitôt réuni toutes les élèves afin de savoir qui, pour la deuxième fois, avait touché à la valise de Lyane. Personne ne s'est dénoncé. Alors, j'ai consolé Lyane en lui promettant que, de toute façon, je lui procurerais une tenue convenable pour l'examen. Apaisée, elle a donc terminé la séance en « collant » et j'ai cru que l'incident n'aurait pas de suite. Ah ! si je m'étais doutée. Pauvre Lyane ! une élève si docile, si douée, qui avait toutes les chances de réussir dans un bon rang. Elle désirait tant entrer à l'Opéra... et moi aussi, pour elle.

Je posai alors la question qui me brûlait les lèvres :

— Pourquoi Lyane est-elle venue ici, hier soir ? La veille, elle avait affirmé qu'elle n'avait pas cours le mercredi. C'est pourquoi nous ne l'avons pas accompagnée.

— C'est exact. Normalement, elle n'aurait pas dû venir. Mais mardi, à peine les candidates à l'examen étaient-elles parties, que je me suis ravisée. Estimant qu'elles avaient besoin d'une séance supplémentaire, j'ai demandé à une camarade de Lyane de la prévenir. Quelle malchance ! Si vous aviez été là, elle ne se serait sans doute pas sauvée.

Je regardai Mady et mes camarades. Ce mot « fugue » les avait surpris, comme moi. Évidemment, Lyane avait dû être affectée par cette nouvelle méchanceté mais, depuis qu'elle nous connaissait, elle avait repris confiance. N'avait-elle pas affirmé, à la Guille et à moi, le dernier soir, qu'à présent rien ne la ferait capituler ?

— Ainsi, dit Bistèque, vous pensez qu'elle n'a pas osé rentrer chez elle ?

— Quelle autre explication ?

— Quelqu'un l'a-t-il aperçue, dans la rue ?

— Je l'ignore. Je n'ai appris sa fuite que beaucoup plus tard, quand ses parents, affolés, sont venus ici pour savoir si leur fille avait bien assisté au cours et à quelle heure elle l'avait quitté.

— Avant de retrouver ses affaires abîmées, demanda la Guille, paraissait-elle déjà inquiète ?

La question surprit Nadia Kouloff.

— Pourquoi ? Non, je n'ai rien remarqué. Elle était, au contraire, pleine d'entrain, et je lui avais encore fait des compliments !

À ce moment, de petites danseuses, en tenue de travail, entrèrent en trombe dans la salle. Surprises par la présence, dans leur domaine, de ces six garçons et d'un gros chien, elles poussèrent de petits cris effarouchés. C'était l'heure de la répétition. Nadia Kouloff nous reconduisit à la porte.

À peine dans la rue, je déclarai :

— Ce n'est pas vrai, Lyane n'a pas fait une

fugue comme le croit son professeur. En admettant qu'elle se soit attardée dans un coin pour ruminer son chagrin, elle serait tout de même rentrée chez elle. Où aurait-elle passé la nuit ?... et qu'aurait-elle fait ensuite ?

C'était aussi le sentiment de Mady et des autres Compagnons. Mais alors, qu'était-elle devenue ?

— Pardonne-moi, Tidou, fit la Guille, mardi soir, je me suis moqué de toi. À présent, je me demande si tu n'avais pas raison.

— Que s'est-il passé, au juste ? demanda Mady.

Je refis le récit de mes constatations sur le trajet, entre la rue des Tourettes et l'école de danse. Puis, je montrai les deux billets de cinéma, conservés dans ma poche. Hélas ! les indices étaient minces.

— Il faudrait en parler à la police, fit Mady, même si ça n'a pas l'air important.

Corget et la Guille furent de cet avis, ainsi que le Tondu, mais Bistèque et Gnafron demeurèrent sceptiques.

— La police, dit Gnafron, veut des preuves ; or, des preuves, nous n'en avons pas. Le commissaire vous rira au nez quand vous lui montrerez les deux tickets de cinéma.

— Pourtant, il faut faire quelque chose, insista Mady. Allons voir les parents de Lyane... c'est par là que nous aurions dû commencer.

Sur ce point, tout le monde fut d'accord. Dans

la nuit froide, la bande remonta vers la rue des Tourettes et, instinctivement, en traversant le Jardin des Plantes, je cherchai des yeux la voiture de l'autre soir. Naturellement, elle n'était pas là.

Nous n'étions jamais venus chez Lyane et ne connaissions pas ses parents. Chaque soir, en venant la chercher, nous nous contentions de l'attendre sous ses fenêtres. Elle habitait au second étage d'un vieil immeuble situé presque au bas de la rue. L'escalier, dépourvu d'éclairage, était si sombre qu'on distinguait à peine les marches. Deux portes s'ouvraient sur le second palier. Aucune ne portait de nom... du moins, dans l'obscurité, aucun n'était visible. À tout hasard, Corget frappa à celle de droite. Une vieille femme, la tête encapuchonnée d'un fichu noir, ouvrit.

— M. et Mme Montanin ?

— La porte en face, indiqua la vieille.

Puis, tout de suite curieuse : — C'est à cause de Lyane, n'est-ce pas ? Vous n'êtes pas les premiers à venir aux nouvelles. Vous feriez mieux de ne pas déranger ses parents. Ils ont déjà eu tant de visites aujourd'hui... sans parler de la police. Pauvre petite !

Impressionné, Corget frappa à l'autre porte. Le père adoptif de Lyane apparut. C'était un homme grisonnant dont le dos, légèrement voûté, dénonçait une santé fragile. En découvrant ces sept visages, il eut un mouvement de recul. La voix inquiète, il demanda :

— Que voulez-vous ?

— Nous connaissions bien Lyane, fit vivement Mady. Elle vous a sans doute parlé des Compagnons de la Croix-Rousse.

— Ah ! c'est vous ! oui, elle m'en a parlé.

Et aussitôt, il ajouta :

— Vous avez appris quelque chose ?

Il ouvrit toute grande la porte de l'appartement et nous fit entrer. Puis, il appela sa femme, dans la cuisine, occupée par ses trois autres enfants.

— Les camarades de Lyane, les Compagnons !...

La pauvre femme apparut, s'efforçant de sourire, mais cachant mal son chagrin.

— Oui, reprit M. Montanin, Lyane nous avait dit que vous veniez parfois l'attendre pour l'accompagner jusqu'à son cours de danse. Vous savez quelque chose ?

C'est Mady qui répondit. Elle raconta comment nous avions fait la connaissance de Lyane, par hasard, un soir où celle-ci pleurait, à cause de ses affaires abîmées, il y avait une dizaine de jours de cela.

— Une dizaine de jours ? demanda Mme Montanin. Il lui était donc déjà arrivé pareille mésaventure ? Elle n'en avait rien dit.

— Elle ne voulait pas vous causer de soucis. Alors, comme nous avions un peu d'argent dont nous ne savions que faire, nous lui avions procuré un autre tutu et des chaussons.

— Pauvre petite ! Elle savait pourtant bien que, ce sacrifice, nous l'aurions fait volontiers.

— Justement, elle ne voulait pas.

Je demandai alors s'il était arrivé à Lyane de se montrer inquiète pour autre chose... par exemple si elle avait révélé son impression d'être surveillée dans la rue.

— Surveillée ! se récria M. Montanin... surveillée par qui... et pourquoi ?

Évidemment, de cela non plus Lyane n'avait soufflé mot, toujours pour ne pas tracasser ses parents qui se seraient crus obligés de l'accompagner. Je parlai donc de ses craintes, de mes propres craintes aussi, de cette femme qui paraissait nous suivre, le dernier soir où nous l'avions accompagnée. Les pauvres gens furent atterrés.

— Quelqu'un lui voudrait donc réellement du mal, fit le père, simplement par jalousie ?

Il nous pressa de questions, voulant savoir ce que nous avait exactement confié Lyane, afin de voir clair dans cette triste affaire.

— Ah ! soupira Mme Montanin, je ne me consolerai jamais de ne l'avoir pas accompagnée, chaque soir, comme font beaucoup de parents. Avec mes autres enfants, il m'était difficile de m'absenter. Pour l'école, évidemment, ce n'est pas la même chose. En plein jour, les enfants ne risquent rien. Elle allait d'ailleurs toujours en classe avec trois camarades qui habitent aussi cet immeuble, mais le soir...

Navrée, elle ajouta :

— Je ne pouvais pas non plus l'obliger à renoncer à la danse qui lui tenait tant au cœur. Pauvre enfant !

Son mari poursuivit :

— Lyane vous faisait sans doute des confidences. Vous le savez peut-être, elle était seulement notre fille adoptive, mais nous ne faisions aucune différence avec nos trois autres enfants. Au contraire, depuis l'année dernière où nous lui avons appris la vérité sur ses origines, nous l'avons gâtée plus que les autres, afin qu'elle se sente parfaitement chez elle, ici. Pensez donc, elle vit avec nous depuis dix ans, depuis qu'elle a perdu ses parents. Elle n'avait plus personne, qu'un vague cousin qui n'a pas voulu la recueillir. Le reste de sa famille a disparu, pendant la guerre.

— Et que pense la police ? demanda Corget.

M. Montanin éleva doucement les épaules.

— Pour le moment, la police suppose, comme Mme Kouloff, que Lyane n'a pas osé rentrer chez elle... mais pour nous c'est incompréhensible. Elle savait bien qu'elle ne serait pas grondée ; ce n'était pas sa faute. Voyez-vous, aussi invraisemblable que cela paraisse, nous croirions plutôt, nous aussi, qu'elle a été enlevée... mais enlevée par qui et pourquoi ?... Simplement pour l'empêcher de passer le concours ? Cela me paraît énorme !

Cependant, il ajouta :

— Il faut tout de même parler de cela à la police. Bien sûr, ce soir, il est trop tard. Voudriez-vous, demain matin, m'accompagner au commissariat de l'hôtel de ville pour répéter ce que...

Il n'acheva pas. Quelqu'un venait de frapper à la porte.

— Justement, s'écria Mme Montanin, c'est peut-être quelqu'un du commissariat. Oh ! si on nous annonçait qu'elle vient d'être retrouvée !...

Elle se précipita vers la porte et ne cacha pas sa déception en reconnaissant la concierge.

— Une lettre pour vous, fit celle-ci. Le facteur vient seulement de passer pour sa tournée du soir ; il était en retard.

Mme Montanin prit la lettre, remercia, mais tout à coup, ayant jeté un regard sur l'enveloppe, elle s'écria :

— Lyane !... C'est Lyane ! je reconnais son écriture !

Ses doigts tremblaient. Elle était incapable de la décacheter. Son mari la lui prit des mains et l'ouvrit. Mais, presque aussitôt, il pâlit et se laissa tomber sur une chaise. La lettre s'échappa de ses mains. Sa femme la ramassa et lut ces simples mots, tracés au milieu d'une feuille blanche :

« Vous ne me reverrez plus jamais. Adieu ! Lyane. »

Chapitre 6

La valise verte

En quittant les parents de Lyane, nous étions tous bouleversés. « Vous ne me reverrez plus jamais. » Ces mots, lus et relus dix fois, sur la feuille, nous hantaient. Quel était leur vrai sens ? Lyane aimait ses parents adoptifs et ceux-ci, nous l'avions vu à leur chagrin, à leur façon de parler d'elle, lui rendaient cette affection. Une soudaine cruauté l'avait-elle poussée à tracer ces lignes ? Avait-elle réellement l'intention de disparaître pour toujours ? Nous ne reconnaissions plus la petite Lyane sensible que nous aimions.

Rassemblés au bas de la rue des Tourettes, ne songeant même pas à rentrer chez nous, malgré l'heure tardive, nous cherchions en vain à imaginer ce qui s'était produit dans l'esprit de la jeune danseuse.

— Sur le coup, fit Gnafron, j'ai cru que cette

lettre n'était pas d'elle... que quelqu'un avait imité son écriture.

Hélas ! son père et sa mère avaient formellement reconnu sa façon d'arrondir les *r* et la fantaisie du *L* majuscule de son prénom, formant une double boucle. Bien sûr, les mots étaient tracés d'une façon irrégulière, mais comment aurait-elle pu écrire calmement une pareille lettre ?

— Moi, fit la Guille, je m'étonne que cette lettre ait été tamponnée dans un bureau de poste si proche de la Croix-Rousse. Si Lyane avait décidé de ne pas rentrer chez elle, il me semble qu'elle se serait éloignée du quartier... Et puis, la lettre n'a été levée que ce matin, à 10 heures 30. Lyane aurait donc erré si longtemps dans le même quartier, avant de l'expédier ?

— Très juste, approuva Bistèque. Ou bien elle est partie tout de suite, loin de chez elle, ou bien elle a rôdé longtemps autour de sa maison. Dans ce cas, elle n'aurait pu résister. Elle serait rentrée. Pensez donc ! par le temps qu'il fait !

À mon tour, j'ajoutai :

— Et comment s'est-elle procuré du papier, une enveloppe, un timbre ? Ses parents l'ont dit ; elle n'avait pas d'argent sur elle. Admettons qu'elle ait retrouvé une pièce ou deux, au fond de sa poche, comment aurait-elle osé entrer dans un bureau de tabac ? Elle se savait recherchée ; elle avait certainement entendu les crieurs de journaux annoncer sa disparition.

Oui, cette lettre envoyée si tardivement nous paraissait de plus en plus étrange. Certes, Lyane l'avait écrite, mais dans quelles conditions ?

— De toute façon, insista Mady, nous devons dire à la police ce que nous savons... même si ça ne sert à rien. Pour une fois, tant pis pour l'école, nous descendrons demain matin au commissariat avec M. Montanin. Nos parents comprendront. Dès ce soir, il faudra leur parler.

— Oui, approuva Corget, je n'aime pas mêler mes parents à nos propres affaires, mais cette fois, c'est grave et il faut faire vite. Rendez-vous demain matin à huit heures, devant la « caverne », comme pour aller en classe.

Il était près de neuf heures quand j'arrivai chez moi. Mon père, rentré depuis longtemps de son atelier de tissage, m'accueillit plutôt sèchement, mais il vit tout de suite, à mon visage inquiet, qu'il s'était passé quelque chose d'anormal. La voix coupée par l'émotion, j'expliquai que nous sortions de chez les parents de Lyane dont les journaux avaient annoncé la disparition.

— Mon Dieu ! s'écria maman, tu la connaissais... tu ne nous en avais pas parlé.

Alors, je racontai comment un soir, avec Mady, nous l'avions rencontrée, pleurant dans une « traboule », comment, pour l'aider, nous avions revendu notre appareil photographique, comment, la veille au soir, elle avait disparu après avoir découvert ses affaires saccagées une deuxième fois.

Maman, troublée par mon récit, en oubliait de faire manger mon petit frère, qui s'impatientait en frappant son bol avec sa cuiller.

— Ainsi, fit mon père, elle serait partie à cause... comment dire ?... d'une simple contrariété, somme toute pas très grave ?

— Justement, papa, cela nous paraît bizarre. Malgré cette lettre où elle dit à ses parents qu'elle ne reviendra jamais, nous ne pouvons pas le croire.

Je fis alors part des craintes de Lyane qui, quelques jours plus tôt, s'était crue suivie, dans la rue, et de mes propres remarques, le dernier soir où nous l'avions accompagnée, la Guille et moi. Le front de mon père se barra d'un pli.

— Comment, Tidou, tu savais quelque chose et tu l'as gardé pour toi ?

— J'en ai parlé à mes camarades et je l'ai répété aux parents de Lyane.

— Voyons, Tidou, c'est la police qu'il faut mettre au courant.

— C'est ce que nous avons décidé, avec Mady et les autres Compagnons. Nous nous sommes donné rendez-vous demain, pour descendre ensemble au commissariat... même si nous devons manquer la classe toute la matinée.

Mon père jeta un coup d'œil vers le réveil, sur la cheminée de la cuisine.

— Évidemment, à présent, il est tard. De toute façon, cette nuit la police ne ferait pas grand-chose, mais demain matin, sans faute... Je vous accompagnerai.

— Ce n'est pas utile, papa, M. Montanin descendra avec nous. D'ailleurs, toi, tu ne sais rien. Il n'est pas nécessaire que tu perdes une demi-journée de travail.

Le repas terminé (j'aurais été embarrassé pour dire ce que j'avais mangé ce soir-là), j'allai me coucher. Mais, comment trouver le sommeil ? Étendu sur mon lit, la main posée sur la tête de Kafi qui paraissait se demander pourquoi je soupirais ainsi, je réfléchis encore. Sans cesse me revenait à l'esprit la petite phrase de Lyane : « Vous ne me reverrez jamais », et je pesais les mots, un à un, essayant de découvrir ce qu'ils cachaient. Si Lyane les avait écrits, je ne pouvais croire qu'elle les avait pensés. Elle paraissait accuser ses parents d'être la cause de sa fuite. Or, elle ne nous avait jamais dit d'eux que du bien. Par scrupule, elle n'avait pas voulu leur demander de l'argent pour remplacer ses affaires abîmées. Elle avait même caché l'incident. Pourquoi, ensuite, se venger ?... car, plus je me répétais la petite phrase, plus elle me semblait dictée par le dépit.

Enfin, très tard, je m'endormis... ce qui ne m'empêcha pas de m'éveiller plus tôt que d'habitude, sans que ma mère eût besoin de me secouer. Le jour n'était pas encore levé. Aussitôt, mes pensées revinrent vers Lyane. Où avait-elle passé cette nuit glaciale d'hiver ? Mon père était déjà parti. Depuis quelque temps, il travaillait dans un atelier de la banlieue et le trajet était long. Maman s'occupait, dans la cuisine. Elle aussi avait fait de mauvais rêves.

— Surtout, recommanda-t-elle en me laissant partir, n'oublie aucun détail. Explique clairement au commissaire ce que tu as observé.

L'air était encore très vif, ce matin-là. Au bord des trottoirs, l'eau des caniveaux avait gelé. Je descendis en courant, avec Kafi, vers la Rampe des Pirates. La Guille et Bistèque battaient déjà la semelle devant la « caverne ». Corget et Gnafron arrivèrent presque aussitôt, puis le Tondu, avec Mady, qu'il était allé prendre chez elle. Tous, comme moi, avaient parlé à leurs parents et ceux-ci avaient eu la même réaction que les miens : nous devions révéler ce que nous savions, même si la police devait trouver nos renseignements insignifiants.

De la Rampe des Pirates, la bande se rendit rue des Tourettes. Hélas ! M. Montanin était au lit. La veille au soir, il avait pris froid en descendant au commissariat. Il ne pouvait nous accompagner. À cause de ses jeunes enfants, Mme Montanin, elle non plus, ne pouvait s'absenter. Elle demanda à son mari d'écrire un mot d'introduction que nous remettrions au commissaire, avec la lettre de Lyane.

Il était à peine huit heures et demie quand nous arrivâmes devant le poste de police. Inutile de dire que nous étions plutôt impressionnés. Un agent, revolver au côté, montait la garde, à l'entrée.

— Que voulez-vous ? fit-il, sans douceur, en nous barrant la porte.

— C'est au sujet de Lyane Montanin, la petite danseuse qui a disparu, dit Corget ; nous voulons voir le commissaire. C'est urgent.

L'agent nous toisa, ironique.

— Ah ! vous aussi, vous l'avez vue !... Vous n'êtes pas les premiers. Vingt personnes, au moins, ont déjà cru la rencontrer... Naturellement, ce n'était jamais elle.

— Non, dit Gnafron, nous ne l'avons pas aperçue, mais c'est sérieux. Il faut que nous parlions au commissaire.

— Il n'est pas arrivé.

— Nous l'attendrons.

Bien décidée à voir le commissaire, la bande se planta sur le trottoir, et l'agent, devant notre résolution, consentit à nous laisser entrer.

— Asseyez-vous !

La salle était vaste et nue, simplement meublée par deux longs bancs fixés aux murs, face à face. Sur l'un d'eux dormaient deux vieillards, découverts sans doute pendant la nuit, au cours d'une ronde, et que les agents avaient amenés là, au chaud. Nous nous assîmes sur l'autre et Kafi, un peu inquiet, vint se réfugier dans mes jambes.

Une demi-heure, au moins, s'écoula. Des agents, des hommes en civil (des inspecteurs sans doute) allaient et venaient, pénétraient dans un bureau, à l'autre bout de la salle, ou en sortaient. Enfin, un petit monsieur en pardessus et chapeau gris, que les agents gratifièrent d'un salut militaire, fit son apparition. Nous voyant alignés, sur le banc, en rang d'oignon, il s'arrêta, consulta sa montre.

— Que font ces gamins ?... Ils devraient être à l'école.

— Ils vous attendaient, monsieur le commissaire, expliqua un agent, c'est au sujet de la petite danseuse.

— Encore ?... et naturellement, eux aussi l'ont aperçue... et ils viennent à sept pour dire cela !

Rassemblant son courage, Mady se leva.

— Monsieur le commissaire, nous avons d'importantes révélations à vous faire.

Il eut un sourire incrédule.

— Voyez-vous ça ! des révélations !... Quel grand mot !

Puis, apercevant Kafi :

— Et ce chien lui aussi a sans doute quelque chose à dire ?

Le ton ironique nous déplut. Cependant, Mady, déléguée pour parler la première, poursuivit :

— C'est très sérieux, monsieur le commissaire. Nous connaissions bien Lyane. Nous étions chez ses parents, hier soir, quand ils ont reçu une lettre où leur fille disait qu'elle ne reviendrait jamais. M. Montanin devait même nous accompagner, ce matin ; il est malade. Il nous a remis ce petit mot.

Cette fois, le commissaire se radoucit.

— Pourquoi ne le disiez-vous pas plus tôt ?

Il parcourut le message.

— En effet, dit-il, de plus en plus inquiétant... mais d'après M. Montanin, vous auriez fait certaines constatations, dans la rue, avant la disparition de la jeune fille.

— C'est exact, monsieur le commissaire.

Il alluma une cigarette et, du geste, nous invita à passer dans son bureau.

— Alors ? fit-il, pressé, je vous écoute.

Toutes les têtes se tournèrent vers moi. Je répétai ce que, depuis la veille, j'avais soigneusement noté dans ma mémoire afin de ne rien oublier. Je redis les craintes de Lyane, puis parlai de mes observations, de la femme au panier d'osier, de l'auto qui stationnait près du Jardin des Plantes.

Enfin, je sortis les deux billets de cinéma. Le commissaire les examina avec une moue, puis feuilleta un annuaire téléphonique qui traînait sur son bureau.

— Non, dit-il, il n'existe aucun « Cinéma du Siècle » à Lyon... ni dans la banlieue. Ça ne nous indiquerait d'ailleurs pas grand-chose.

Puis, relevant les yeux vers moi :

— C'est tout ce que tu avais à dire ?... En somme, tu n'as rien vu. Il est possible que les billets aient été jetés de la voiture en stationnement mais quand cela serait ? Tu admets toi-même avoir mal vu la femme qui se trouvait à bord. Quant à celle qui marchait derrière vous, rue des Capucins, rien ne prouve non plus qu'elle vous suivait. Reconnais-le, tu t'es laissé emporter par ton imagination.

Je protestai :

— Pourtant, Lyane, elle-même, s'est plainte d'avoir été espionnée.

— Évidemment, elle a pu vous le dire. Reconnaissez que, de la part d'une jeune fille capable de faire une fugue, cela n'a rien de surprenant. À la rigueur, jusqu'à hier soir, j'aurais prêté l'oreille à ce que vous me racontez, mais après sa lettre... Non, cette jeune personne est partie de chez elle de son plein gré. La preuve est là.

— Pourtant, objecta Mady, elle n'était pas malheureuse.

— Je n'en doute pas, mais sait-on ce qui lui a passé brusquement par la tête ?

À bout d'arguments, désorientés par l'attitude du commissaire, nous nous retirâmes. Cependant, une fois dans la rue, impossible de nous éloigner. Il nous semblait que le commissaire allait nous rappeler, dire qu'il avait réfléchi et qu'il prenait nos déclarations au sérieux.

Nous étions là depuis un bon quart d'heure quand, tout à coup, Mady laissa échapper un cri.

— Oh ! regardez !

Elle désignait un homme en tenue de travail,

qui se dirigeait vers le commissariat, portant une petite valise verte. Mady se précipita.

— Monsieur ! où avez-vous trouvé cette valise ?

L'homme nous regarda, hésitant à répondre.

— Sur le quai, je l'apporte au commissariat.

Nous le suivîmes dans la salle où nous avions si longuement attendu. Sur la demande de l'inconnu, un agent frappa à la porte du fond et le commissaire reparut. L'homme entra. Sans hésiter, nous le suivîmes.

— La valise de Lyane ! s'écria Mady, nous l'avons reconnue.

Le commissaire lui fit signe de se taire et, s'adressant à l'homme :

— Où avez-vous fait cette découverte ?

— J'avais lu, dans le journal, la disparition d'une petite danseuse, fit l'ouvrier qui, d'après son mauvais français et son accent, devait être italien. J'ai tout de suite pensé à elle.

— Je vous demande où vous l'avez trouvée, répéta le commissaire impatient.

— Sur un quai du Rhône, près du pont Morand, au bas de la Croix-Rousse.

— Quand ?

— Tout à l'heure, en venant prendre mon travail sur le chantier.

— Vous l'avez ouverte ?

— Elle n'était pas fermée à clef. Elle n'a même pas de serrure.

Le commissaire avait pris la valise pour la

déposer sur le bureau. Il en retira le collant noir, le tutu et les chaussons de Lyane. Le tutu était déchiré, ou plutôt, l'étoffe légère avait été tailladée à deux endroits par la lame d'un canif, ainsi que les chaussons. Cependant, le dommage paraissait moins grand que la première fois, en tout cas réparable.

— Vous n'avez rien trouvé d'autre ? demanda le commissaire, par exemple une lettre ?

— Non.

— Et à proximité de l'endroit où vous avez découvert la valise, sur le quai ?

— J'ai cherché aux alentours, il n'y avait rien.

— Était-ce la première fois que vous veniez sur ce chantier ?

— Nous y avons travaillé hier, toute la journée, jusqu'à six heures du soir. Nous étions cinq, occupés à la réparation d'un parapet. Si la valise avait déjà été là, nous l'aurions vue, à coup sûr. Pensez donc, monsieur le commissaire, je l'ai ramassée à deux mètres du bord de l'eau, sur le quai, comme si elle avait été déposée là, bien en vue.

Le commissaire réfléchit, puis appuya sur un bouton qui déclencha une sonnerie, à l'extérieur du bureau. Un inspecteur en civil entra, à qui il lança :

— Prévenez immédiatement la brigade fluviale et rendez-vous, avec cet homme, près du pont Morand, pour effectuer des recherches autour du lieu où cette valise a été découverte.

L'homme sortit avec l'inspecteur et nous laissa seuls en compagnie du commissaire. Nous avions assisté à cette scène le cœur serré, paralysés par l'angoisse. Le commissaire eut un soupir qui nous parut être de soulagement.

— Vous voyez, fit-il : une contrariété, une lettre où on annonce qu'on ne reviendra jamais, une valise qu'on abandonne au bord de l'eau... Que faut-il de plus pour tirer une conclusion ? Je pense que tout cela est suffisamment clair.

Il avait laissé tomber ces mots d'une voix naturelle, en policier satisfait de voir se terminer une enquête difficile. Nous le regardions, stupéfaits et, soudain, comme si ce que nous éprouvions s'était communiqué de l'un à l'autre, une immense indignation nous souleva. Une voix angoissée, celle de Mady, éclata :

— Ce n'est pas vrai, monsieur le commissaire !... Vous n'avez pas le droit !... Vous ne connaissiez pas Lyane ! Elle était heureuse chez elle. Jamais un seul instant, elle n'a pensé... D'ailleurs, regardez ses affaires ; elles étaient réparables. Non, ce n'est pas vrai... pas vrai.

— Parfaitement ! lança le petit Gnafron à son tour. La valise ne prouve rien... au contraire. Pourquoi n'a-t-elle été découverte que ce matin ? Les ouvriers ont travaillé sur le chantier hier, toute la journée : ils l'auraient vue ! Elle y a été déposée cette nuit seulement. Dans ce cas, monsieur le commissaire, qu'aurait fait Lyane, dans Lyon, depuis deux jours, sans argent ? Quelqu'un l'aurait aperçue, dans la ville.

Le ton montait. Oubliant à qui nous nous adressions, nous parlions, à présent, tous à la fois, à haute voix, si bien que Kafi crut à une dispute et se mit à aboyer. Un violent coup de poing, assené sur le bureau, rétablit le silence.

— Taisez-vous, ordonna le commissaire. Ah ! c'est un peu fort ! Vous auriez la prétention de m'apprendre mon métier ?

Appuyant de nouveau sur le bouton de la sonnerie, il appela un agent.

— Faites-moi sortir ces effrontés... et ne les laissez plus rentrer, sous aucun prétexte.

L'agent nous poussa devant lui, comme un troupeau de moutons, malgré l'air menaçant de Kafi, jusque dans la rue. Mady et le Tondu étaient très pâles, prêts à défaillir. Quant à Gnafron, il écumait de rage.

— Je m'en doutais ! Quand nous sommes entrés, le commissaire avait déjà son idée. À présent, la valise retrouvée, il n'en démordra plus.

À quoi bon attendre, cette fois ? Révoltés et consternés, nous nous éloignâmes lentement. Le froid vif, après la chaleur suffocante du bureau, nous saisit. Nous claquions des dents. Il n'était que neuf heures et demie. Nous avions encore le temps de passer chez nous, de prendre nos affaires pour remonter à l'école. Personne n'en eut le courage.

— Il se trompe, répétait Gnafron en serrant les poings, je suis sûr qu'il se trompe. Ah ! si nous pouvions le lui prouver !

La bande s'arrêta, à un carrefour, pour mettre un peu d'ordre dans ses idées et retrouver un semblant de calme. Plus loin, nous retraversions la place des Terreaux quand une voix nous héla :

— Hep ! les garçons !

C'était le photographe qui nous avait vendu puis racheté l'appareil. Que voulait-il ? Il tombait mal ! Courant vers nous, il lança :

— Je vous ai reconnus, à travers la vitrine... Vos photos sont prêtes.

— Quelles photos ? fit Corget.

— Eh bien, celles de la dernière bobine, que vous m'aviez remise l'autre jour. Elles ne sont pas fameuses, sauf une... mais celle-là, je ne vous en dis pas plus. Venez plutôt voir.

Après ce qui venait de se passer, ni les uns ni les autres nous n'avions envie de voir nos photos. Cependant, désœuvrés, ne sachant que faire du reste de la matinée, nous suivîmes le marchand.

— Tenez, fit le photographe en ouvrant un tiroir. Je n'ai pu résister au plaisir de l'agrandir. Regardez-moi ça !...

Il tourna la photo de notre côté et nous reçûmes un choc. C'était le dernier cliché, celui que j'avais pris dans la cour de l'école de danse, au hasard, simplement pour finir le rouleau de pellicule.

— Regardez ! s'extasiait le photographe, comme s'il en était l'auteur, regardez ce premier plan presque flou à cause du mouvement des petites danseuses... et ces reflets sur les pavés mouillés de la cour. On devine l'eau comme si on la touchait... et ces architectures, au fond, qu'on dirait placées là, exprès, pour réaliser le plus merveilleux décor. Quelle réussite ! Des professionnels n'auraient pas fait mieux. Vous pouvez être fiers de votre travail... eh bien quoi ?... vous ne dites rien ?

Non, nous ne disions rien, car nous avions reconnu, au premier plan, une certaine petite danseuse. Oui, Lyane ! Elle était ravissante avec ses cheveux arrangés en tresse autour de sa tête. Le flash l'avait surprise au moment où, gracieuse comme une biche, elle bondissait sur les pavés de la cour, le sourire aux lèvres. Nous étions bouleversés.

— Eh bien, répétait le marchand, vous vous taisez. Cette photo ne vous plaît pas ? Vous êtes difficiles !

Personne n'avait envie de révéler ce que cette image évoquait pour nous. Je fis simplement :

— Elle est réussie, en effet, mais, vous savez, la photographie ne nous intéresse plus.

J'ajoutai cependant, certain d'être approuvé par mes camarades :

— Tirez tout de même une épreuve pour chacun de nous sept, nous reviendrons la chercher demain matin.

— Mais... le concours ?

— Ce n'est plus la peine, fit Corget.

Le photographe ouvrit des yeux ronds.

— Comment ?... vous renoncez ?

Puis, son sens des affaires l'emportant :

— Alors, laissez-moi, au moins, envoyer cette photo de votre part. Vous me permettez, n'est-ce pas ? Pensez donc ! quelle publicité pour moi qui vous avais vendu l'appareil, si jamais vous gagnez le premier prix ! Qui a pris ce beau cliché ? Quel nom dois-je indiquer pour l'envoi ?

— Aucune importance, mettez, si vous voulez, que ce sont les Compagnons de la Croix-Rousse, tous ensemble.

Et nous sortîmes de la boutique, devant le photographe ahuri, pour remonter tristement chacun chez soi.

Chapitre 7

Un grand jeune homme blond

Les jours suivants, la bande, si pleine d'entrain d'ordinaire, demeura désemparée. La pensée que Lyane pouvait ne plus jamais revenir nous était intolérable. Depuis la découverte de la valise, sur les quais, les journaux ne parlaient plus de la disparition de la petite danseuse, mais une voix secrète nous disait que tout n'était pas fini, que nous devions espérer. En soulevant notre indignation, le commissaire n'avait réussi qu'à exciter notre désir de prouver qu'il se trompait.

Chaque soir, Mady se rendait aux nouvelles chez les parents de Lyane. Pour ne pas déranger les pauvres gens, nous la laissions monter seule chez eux et nous l'attendions dans la rue. Hélas ! à sa façon de secouer la tête, de loin, quand elle sortait de la maison, nous comprenions que Lyane n'avait toujours pas donné signe de vie.

Chaque matin, aussi, nous nous jetions sur les journaux, dans l'espoir de recueillir une indication qui nous aurait mis sur une piste. Enfin, par acquit de conscience, nous étions retournés voir Nadia Kouloff, rue des Capucins. De plus en plus inquiète de la disparition de son élève, la maîtresse de ballet avait déclaré :

— Je ne comprends toujours pas. J'ai interrogé les élèves de tous les cours. Impossible de savoir qui a touché aux affaires de Lyane.

Le seul point précis, susceptible d'une vérification, était la provenance des fameux billets de cinéma. Pour en avoir le cœur net, Gnafron avait emprunté l'annuaire téléphonique de son voisin, le droguiste. Ensemble, nous avions parcouru la page concernant les cinémas. Ainsi que l'avait constaté le commissaire, aucun « Cinéma du Siècle » n'existait dans Lyon, ses faubourgs ou sa banlieue... et pas davantage dans le reste du département du Rhône. Devions-nous compulser les annuaires des quatre-vingt-quatorze autres départements français ?

Le jeudi suivant, nous étions tous les six réunis dans notre « caverne », quand Mady frappa à la porte.

— Nous avons été stupides ! s'écria-t-elle en entrant. Comment n'y avoir pas pensé plus tôt ? J'ai trouvé ce que nous cherchions.

— Le cinéma ?

— Oui. Nous avions simplement oublié que le département de l'Isère s'étend jusqu'aux portes de Lyon. C'est ce que je me suis rappelé ce matin. Alors, j'ai couru à la poste, feuilleter l'annuaire de l'Isère ; par chance, presque du premier coup, je suis tombée sur le « Cinéma du Siècle ».

— Où ?

— À Vienne. Je peux même vous donner le nom de la rue et le numéro de téléphone, j'ai tout noté.

— À Vienne ? répéta Gnafron. Nous y sommes passés à vélo quand nous descendions dans le Midi. Nous avons simplement longé les quais, mais la ville m'a paru assez grande.

— Trente mille habitants, fit Mady, j'ai aussi noté ça... ainsi que la distance : Vienne est à vingt-huit kilomètres de Lyon.

Ainsi, elle nous apportait des renseignements complets. Elle ajouta :

— Évidemment, ça ne nous apprendra sans doute pas grand-chose d'aller là-bas, mais, pour le moment, nous ne pouvons rien entreprendre d'autre.

— Tu as bien fait, remercia Gnafron, il faut aller voir.

Puis jetant un coup d'œil à sa montre :

— Dommage : aujourd'hui, c'est un peu tard. Si j'ai bonne mémoire, la route n'est pas fameuse entre Lyon et Vienne, pleine de montées et de descentes. Avec la traversée de Lyon, de bout en bout, il faudrait compter près de deux heures pour aller.

— Et autant pour revenir, enchaîna la Guille, nous ne serons pas de retour avant huit heures, même en ne nous arrêtant qu'un instant là-bas.

— Et vous oubliez, ajouta Bistèque, qu'à huit heures il fait grand-nuit depuis longtemps et qu'un seul de nos vélos possède un éclairage.

— Oui, soupira le Tondu, impossible pour ce soir... Nous avons classe demain et après-demain ; il faudra attendre jusqu'à dimanche... encore, à condition qu'il ne fasse pas un temps épouvantable.

Trois longs jours dans l'inaction, c'était vraiment beaucoup. Comment tuer le temps jusqu'à dimanche, en ayant l'impression de faire quelque chose ?

— Commençons par remettre les vélos en état, proposa Gnafron. Ils n'ont pas servi depuis deux mois. L'humidité a sûrement décollé quelques pièces aux chambres à air.

Tout notre matériel roulant était là, entassé au fond de la « caverne ». Ainsi que l'avait prévu Gnafron, plusieurs roues étaient à plat. L'équipe se mit à la besogne, avec une sorte de rage, soulagée de pouvoir enfin agir. Nous travaillions depuis une demi-heure, aidés par Mady qui promenait la bougie ou la lampe électrique de l'un à l'autre, quand notre camarade remarqua :

— Vous avez entendu ? Kafi vient de gronder... et il a dressé l'oreille, comme si quelqu'un s'était arrêté, dehors, devant la porte.

— Bah ! fit Gnafron, encore les « gones » du

quartier qui rôdent autour de la « caverne », histoire de nous agacer.

Il acheva de remonter la roue qu'il tenait, puis s'approcha de la porte pour l'ouvrir et faire fuir les gamins, mais au même moment il poussa une exclamation.

— Oh ! regardez !

Il venait de découvrir, glissé sous la porte, quelque chose de blanc : une enveloppe.

— Vite, Mady, la bougie !

L'enveloppe ne portait aucune adresse, mais elle était cachetée. Gnafron la déchira et en retira une feuille de papier, blanc également, sur laquelle couraient une dizaine de lignes d'une écriture hâtive, sans en-tête ni signature. Sur le coup, pensant à Lyane, nous avions tressailli. Non, ce n'était pas son écriture. Gnafron lut à haute voix :

« J'ai besoin de vous parler, mais à une *condition formelle* : que vous ne répétiez à personne ce que je vous dirai. Si vous êtes d'accord, trouvez-vous, ce soir, à six heures sur la place des Terreaux, à l'angle de la rue Romarin. Je vous reconnaîtrai. »

Passant le message à Mady, Gnafron ouvrit la porte pour se précipiter dans la rue. Naturellement, il n'aperçut personne. L'inconnu avait eu le temps de disparaître. Alors, chacun se pencha à nouveau sur l'écriture. Était-ce celle d'un homme, d'une femme ?... ou simplement d'un « gone » du quartier ?

— Non, pas celle d'un gamin, fit Mady. Un gamin n'aurait pas l'idée de faire les *d* de cette façon.

— Alors, d'un homme ou d'une femme ?

Mady hésita.

— Je ne peux pas vous dire,... je pencherais plutôt pour celle d'un homme.

— En tout cas, fit Corget, c'est quelqu'un qui nous connaît, qui sait que nous nous réunissons ici. Que nous veut-il ?

— Et pourquoi a-t-il souligné « à une condition formelle » ? s'étonna la Guille. C'est donc si mystérieux ?

Mady, elle, était surtout intriguée par les premiers mots du message : « J'ai besoin de vous parler. »

— Vous ne trouvez pas bizarre qu'il emploie le mot « besoin » ? On dirait qu'il nous supplie de venir et qu'il a peur. Peur de quoi ? Je me le demande.

— Moi, dit le Tondu, je remarque surtout qu'il nous donne rendez-vous à un des endroits les plus fréquentés de Lyon, à une heure où la ville grouille de monde. Est-ce voulu ?... pour que nous n'imaginions pas qu'il nous tend un traquenard ?

Accepter le rendez-vous, c'était aussi accepter de garder un secret. Quel secret ? Personne n'avait prononcé le nom de Lyane, mais c'est à elle que nous pensions tous.

— Si vous voulez mon avis, déclara Corget,

il s'agit probablement de Lyane, alors, pas d'hésitation. Descendons place des Terreaux et jouons franc jeu.

La bande fut unanime pour l'approuver. Il était cinq heures. Trop impatients pour attendre sur place, nous descendîmes vers la ville, en emmenant Kafi qui détestait rester longtemps enfermé. Avec le soir qui tombait, le froid de ce mauvais mois de février redevenait plus vif encore. Bien avant l'heure, nous nous postions au bas de la rue Romarin, dont le nom rappelait ma Provence natale.

Six heures moins le quart. Encore personne. Aucun regard insistant ne nous avait été adressé... sinon celui d'un agent, qui se demandait ce que nous faisions là, plantés au coin de la rue, par un temps pareil.

Six heures moins cinq !... Six heures !... Six heures cinq !... Toujours rien.

— Ce n'était peut-être qu'une plaisanterie, supposa la Guille, celle de « gones » jaloux de notre caverne.

Mais, au même moment, alors que nous nous apprêtions à remonter vers la Croix-Rousse, une voix prononça, derrière nous :

— Ah ! vous êtes venus !... Vous êtes d'accord ?

C'était un grand jeune homme de dix-huit à vingt ans, bien mis. Ses cheveux blonds, un peu frisés, sa petite moustache encore plus blonde, son visage assez particulier, me donnèrent l'impression de l'avoir déjà rencontré quelque part. Il paraissait extrêmement embarrassé.

— Vous me reconnaissez ? fit-il ; vous m'avez probablement aperçu, dans la salle d'attente de l'école de danse.

En effet, je me souvins, et je compris que les autres l'identifiaient, eux aussi. Comme nous n'avions pas répondu à sa question, il reprit, une nuance d'inquiétude dans la voix :

— Vous avez vu les mots soulignés sur le billet ?... Êtes-vous d'accord ?

— Entendu ! fit Corget, vous pouvez parler. Nous ne dirons rien.

Le garçon eut un sourire embarrassé.

— Vous pouvez me tutoyer, je ne suis pas tellement plus vieux que vous, malgré ma taille. Je viens tout juste d'avoir dix-huit ans.

— Si tu veux, fit Corget pour le mettre à l'aise.

Et il ajouta aussitôt :

— Est-ce de Lyane que tu voulais nous parler ?

Il hésita à répondre ; Mady insista :

— Où est-elle ?... a-t-on découvert une piste ?

Il secoua la tête, l'air navré. Puis, baissant les yeux :

— Je ne sais rien. C'est pour cela que je suis venu. Elle a disparu, sans doute à cause de ma sœur.

En prononçant ce dernier mot, il jeta un

regard à la ronde, comme s'il craignait d'avoir été entendu par des passants.

— Oui, reprit-il à voix basse, c'est ma sœur qui a ouvert la valise de Lyane, touché à ses affaires.

Il y eut un silence, un curieux silence, fait des mille bruits de la ville, mais que nous n'entendions pas. Nous demeurions suspendus aux lèvres de ce grand garçon qui nous dépassait de toute la tête.

— Oui, fit-il, ma jeune sœur Christine a fait cela... Oh ! pas par pure méchanceté, croyez-moi. Elle ne rêve que de danse et devait se présenter au concours des petits rats de l'Opéra. Elle n'ignorait pas qu'il y aurait beaucoup de candidates et peu d'élues. Elle connaissait Lyane et son talent. Alors, un jour, cette folle idée de décourager une rivale plus favorisée lui est venue. Elle n'a pas su y résister. Bien entendu, elle n'a parlé à personne de son geste, chez nous. C'est seulement la deuxième fois, en apprenant la disparition de Lyane, qu'elle m'a tout dit, à moi, son grand frère, me suppliant de n'en parler à personne.

Il se tut, laissa échapper un soupir, et reprit :

— Si vous voyiez dans quel état est ma sœur, à présent ! Elle ne vit plus. Elle s'accuse de la disparition de sa camarade et a l'impression d'avoir commis un crime monstrueux. Elle dit que si la vérité éclate, toute notre famille sera déshonorée. Oh ! si elle pouvait se tromper ! Si la disparition de Lyane n'avait aucun rapport avec le geste de Christine !... Moi aussi, je me sens coupable de ne pas révéler ce lourd secret. J'avais trop besoin de me confier à quelqu'un. J'ai pensé à vous. Je vous ai aperçus plusieurs fois dans la salle d'attente du cours de danse. Je savais que vous aviez pris Lyane sous votre protection et je devine qu'aujourd'hui encore vous avez la conviction qu'elle reviendra.

Il maîtrisait difficilement son émotion et sa peine. Au lieu d'éprouver un sentiment de réprobation envers sa sœur, nous avions presque envie de la plaindre, elle aussi.

— Oh ! dites-moi, reprit le garçon, votre certitude que Lyane reviendra, que ma sœur retrouvera le calme ; elle a été suffisamment punie. Si je pouvais vous aider !... Non, ne me repoussez pas. Acceptez-vous de m'associer à vos recherches si je peux vous être utile ?

Il tendait les mains vers nous comme pour nous supplier.

— Nous acceptons, fit Corget... et te promettons de ne rien dire à personne.

Il nous remercia, les yeux brillants de larmes puis, aussitôt, avide de savoir où en étaient nos recherches, il demanda ce que nous avions fait depuis la découverte de la valise sur les quais du Rhône. Il fut très déçu en constatant que nous n'en savions guère plus que lui, mais comme nous lui expliquions nos difficultés pour nous rendre à Vienne, afin de voir le « Cinéma du Siècle », son visage s'éclaira.

— À Vienne, dites-vous ?... Je peux vous y conduire. Mes parents tiennent un magasin de fleurs, dans la rue du Bât-d'Argent, pas loin d'ici. Je travaille avec eux. Depuis que j'ai passé mon permis de conduire, je pilote la petite camionnette de livraison. Voulez-vous que je vous emmène à Vienne, demain soir ? Si, d'ici là, vous aviez quelque chose à me dire, vous n'aurez qu'à passer dans la rue du Bât-d'Argent. Vous trouverez sans peine le magasin ; il a pour *enseigne : À la Tulipe noire.* La camionnette stationne toujours à proximité ; elle aussi porte l'enseigne de la maison. Si vous l'apercevez, c'est que je suis dans la boutique. Je m'appelle Jacques. Vous n'aurez qu'à me demander... sans dire, bien entendu, la raison de votre visite.

Soulagé, il tendit encore ses mains et nous remercia de l'accepter parmi nous et de lui faire confiance.

— Donc, à demain, lança-t-il. À cinq heures et demie, je vous attendrai au bas de la Rampe des Pirates.

Il disparut, tout de suite happé par la foule.

Ainsi, un premier mystère venait d'être éclairci. Était-ce parce que nous venions de rencontrer quelqu'un qui, comme nous, espérait follement le retour de Lyane ?... parce que, enfin, nous allions pouvoir agir plus librement ? Après le départ du grand garçon blond, la bande tout entière éprouva une sorte de soulagement.

— Oui, fit Mady, en remontant avec nous vers la Croix-Rousse, jusqu'à présent, je n'osais pas tout à fait croire au retour de Lyane. À présent c'est curieux, j'en ai presque la certitude.

Chapitre 8

Dans les rues de Vienne

Ainsi, le vendredi et le samedi soir, Jacques, devenu notre associé, dans l'incertaine enquête que nous menions, nous avait conduits à Vienne. À cause de ses livraisons, nombreuses à ces heures de la soirée, il ne pouvait s'absenter longtemps, aussi nous déposait-il, vers six heures, dans la petite ville des bords du Rhône, pour rentrer ensuite à Lyon d'où il revenait nous chercher vers sept heures et demie.

Le premier soir, nous avions facilement découvert le fameux « Cinéma du Siècle », un petit cinéma de quartier, ou plus exactement une remise aménagée en salle de spectacle. D'après les affiches, il ne présentait que des films anciens, vus deux ou trois ans plus tôt aux programmes lyonnais. Les gens qui le fréquentaient n'étaient sûrement pas riches, si l'on en jugeait par le prix des places. Contrairement à l'ordinaire, les fauteuils de première série étaient les moins chers. Cela correspondait d'ailleurs assez bien à l'idée que je me faisais de la situation de l'homme à la vieille voiture. Lui non plus ne devait pas être cousu d'or.

Du cinéma, nous nous étions dispersés à travers la ville, par petits groupes, à la recherche de la voiture. Bien entendu, je n'avais pu en fournir à mes camarades qu'une description plutôt vague. Pas sûr de sa couleur, j'avais surtout insisté sur les pare-chocs rouillés et les deux premiers chiffres du numéro qui formaient le nombre 13 ou 18. Mes espoirs se portaient plutôt sur le panier à provisions, bien caractéristique, qui, lui, avait beaucoup plus de chances de nous mettre sur la voie.

Hélas ! le deuxième soir, quand, après avoir déambulé une nouvelle fois dans la ville, nous nous étions retrouvés autour de la camionnette de Jacques, le résultat n'était guère encourageant. Corget et Bistèque avaient bien découvert trois voitures dont les numéros formaient un 13 ou un 18, mais la première était un camion, la seconde une auto toute neuve aux pare-chocs étincelants et la troisième une « familiale » de boulanger, chargée de corbeilles de pain.

Il fallait s'y attendre, avait dit la Guille... et puis, à supposer que les billets aient réellement été jetés de la voiture en stationnement dans le Jardin des Plantes, rien ne prouvait qu'elle appartenait à des Viennois. Son propriétaire habitait peut-être un petit pays des environs, où il n'y a pas de cinéma.

— Tant pis, avait dit Jacques, nous reviendrons ! En si peu de temps, sous ces lampadaires trop faibles, nous avons mal exploré la ville. Demain, nous partirons de bonne heure. Notre magasin est fermé dès midi. Mon père se montre très chic avec moi ; il me laisse la camionnette pour mes balades.

Le dimanche après-midi, il revint, comme promis, nous attendre au bas de la Rampe des Pirates. À deux heures, à peine, il nous déposait sur les quais de cette curieuse ville de Vienne, tout en montées et en descentes, aux rues étroites où les autos ne peuvent pas toujours se croiser. Mady, qui n'avait pu nous accompagner les jours précédents, faisait partie de l'expédition... ainsi que Kafi, bien entendu. Par chance, le temps s'était légèrement adouci. Un pâle soleil perçait, par instants, le rideau de brume sur la vallée.

— Soyons méthodiques, dit Corget. Nous sommes huit, séparons-nous en groupes de deux.

— Voici ce que je propose, ajouta Jacques. Afin de ne pas perdre de temps, au cas où les uns ou les autres observeraient quelque chose d'intéressant, je vais laisser, sur la banquette de la voiture, ce petit carnet. L'équipe qui aura fait une découverte y griffonnera quelques mots. Ainsi, les autres équipes, à la fin de chaque ronde, toutes les heures par exemple, seront aussitôt renseignées.

L'idée était bonne, tout le monde approuva Jacques. Au moment de nous séparer, Mady demanda à faire équipe avec moi... à cause surtout de Kafi qu'elle aimait beaucoup. Jacques qui, décidément, avait le sens de l'organisation, avait acheté le plan de la ville. Afin de « ratisser » toutes les rues, comme il dit, il proposa de cantonner chaque équipe dans un secteur bien déterminé.

Le nôtre se situait dans la partie haute de la ville, aux alentours de l'ancien théâtre romain, indiqué sur la carte par un large demi-cercle. Les jours précédents, trop pris par le temps, nous n'étions pas montés jusque-là. C'était un quartier un peu excentrique, dominant la ville, sillonné d'innombrables rues ou ruelles tout en pente.

Pendant une heure, nous errâmes ainsi, en vain, dans ce quartier presque désert un dimanche après-midi. L'heure écoulée, nous redescendîmes sur le quai, avec l'espoir que les autres auraient eu plus de chance et que nous trouverions un message sur le carnet. Rien, la page était restée blanche.

— Bien sûr, fit Mady, à la rigueur, nous pourrions apercevoir l'auto, sûrement pas le panier. Personne ne se promène avec un panier à provisions un dimanche après-midi, puisque toutes les boutiques sont fermées.

Cependant, elle ajouta :

— Heureusement, les vacances de Mardi gras commencent demain. Elles ne sont pas longues mais, d'ici à jeudi, nous aurons peut-être fait des découvertes. Je suis sûre que nos chances seraient plus grandes un jour de semaine, le matin, à l'heure où les ménagères font leurs emplettes.

En attendant, nous voici repartis vers la haute ville, pour une seconde expédition... avec Kafi qui devait se demander pourquoi nous repassions toujours aux mêmes endroits.

Nous achevions cette seconde tournée et, à force de monter et de descendre, nous en avions plein les jambes quand j'avisai une petite rue que nous n'avions pas encore visitée. J'hésitai à m'y engager, car il se faisait tard et Mady commençait à grelotter.

— Si, insista-t-elle, passons partout.

Bien nous en prit. Nous n'avions pas fait cinquante pas que je m'arrêtai net. Au fond d'une sorte d'impasse ou de cour, je venais d'apercevoir une auto correspondant à celle que nous cherchions depuis trois jours. Elle pointait son capot vers nous. Le numéro de la plaque me frappa : 13 13 CM 38. Cependant, je restai à distance car, précisément, un homme était en train de la nettoyer. En manches de chemise, malgré le froid, il me parut d'une taille et d'une corpulence exceptionnelles. Pouvait-il être le chauffeur qui sommeillait sur la banquette de l'auto, près du Jardin des Plantes ? Cela me parut presque impossible. Si mes souvenirs ne me trahissaient pas, l'autre devait être plutôt petit, en tout cas pas plus grand que la femme que j'avais vue ensuite assise à côté de lui.

— Tant pis, fit Mady, approchons-nous. Nous verrons bien s'il reconnaît Kafi ; le chauffeur de l'autre jour a certainement remarqué ton chien.

J'hésitai, précisément à cause de Kafi. Si l'homme m'identifiait, que ferions-nous ensuite ? La partie serait perdue. Cependant, plus je le regardais, moins il me semblait correspondre à l'autre. Finalement, je m'avançai, avec Mady et Kafi qui avait aperçu un enfant et cherchait à s'amuser avec lui, car il adorait les enfants. L'homme se redressa, nous considéra en souriant.

— Vous venez peut-être me donner un coup de main ?

Déposant son seau, il recula pour contempler la voiture.

— Si ce n'est pas malheureux de l'avoir laissé ainsi manger par la rouille.

— Ah ! fit Mady, elle ne vous appartient pas ?

L'espèce d'athlète se redressa, mi-souriant, mi-fâché.

— Comment ?... Croyez-vous que je l'ai volée ?

J'échangeai un regard avec Mady. Si la voiture lui appartenait, pourquoi accusait-il quelqu'un de l'avoir mal entretenue ? Cela nous parut bizarre. Nous allions le questionner, quand il reprit son seau et nous lança :

— Vous voyez bien que vous me gênez. Allez donc vous promener !

Nous nous éloignâmes. Cependant, le gamin (probablement son fils) nous suivit un bout de chemin pour continuer de jouer avec mon chien. Le tournant de la rue dépassé, Mady s'approcha de lui.

— Le monsieur qui nettoie la voiture, c'est ton papa, n'est-ce pas ?

— Oui.

— Et la voiture est à lui ?

— Bien sûr, elle est à mon papa, fit-il fièrement.

— Il l'a depuis longtemps ?

— Depuis... depuis hier.

— Tu sais où il l'a achetée ?

La question lui parut surprenante. Il ouvrit des yeux ronds.

— Eh bien, chez M. Labrosse, pardi !

— Qui est M. Labrosse ?

— Le garagiste. Vous ne connaissez pas M. Labrosse ?

— Où habite-t-il ?

Le gamin tendit la main à droite, ensuite à gauche et, finalement, s'embrouilla.

— Là-bas !... par là !

Puis, ingénument, il demanda :

— Vous aussi, vous voulez acheter une auto ?... comme celle de papa ?

Mady sourit, lui donna un bonbon et nous dégringolâmes en courant vers la camionnette. Le carnet, et pour cause, était toujours intact. Cependant, à côté, Jacques avait laissé le plan-guide de la ville. En le feuilletant, je découvris, sur une page de publicité, le garage en question :

GARAGE DU BAS-DAUPHINÉ
LABROSSE FRÈRES
SPÉCIALISTES DE LA VOITURE
D'OCCASION

Suivait l'indication d'une rue qui, d'après le plan, se situait vers le sud de la ville. J'y entraînai Mady. La cour du garage était un véritable bric-à-brac de voitures variées. Le portail, en mauvais état, et qu'on aurait pu enjamber sans peine, était fermé.

— Inutile d'entrer, fit un passant, il n'y a personne le dimanche. Vous n'aurez qu'à revenir demain.

Et il ajouta :

— Si c'est pour une réparation urgente, l'un des ouvriers habite tout près d'ici, tenez ! la petite maison que vous apercevez là-bas, celle qui a des volets rouges.

J'hésitai. Qu'allions-nous dire ? Que nous voulions connaître le nom de l'ancien propriétaire de la voiture n° 13 13 CM 38 ? Ne nous enverrait-on pas promener... comme tout à l'heure ? Mais, encore une fois, la chance nous sourit, toujours à cause de Kafi qui, sans s'en douter, nous rendait de fiers services. En effet, l'ouvrier à qui on nous avait adressés aimait les chiens ; il rêvait justement d'un chien-loup semblable à Kafi. Sans s'inquiéter de savoir pourquoi nous cherchions le renseignement il nous le donna aussitôt.

— Ah ! oui, la voiture qui porte deux fois le numéro 13, je vois. Elle n'a pas traîné au garage, elle a été revendue hier. Nous ne l'avons gardée qu'une semaine. Le patron l'a achetée à quelqu'un de la montée Saint-Antoine, quant à vous dire à quel numéro ! Je me souviens de cette voiture parce que je l'ai dépannée, il y a deux mois. Son propriétaire avait oublié de serrer le frein à main, en stationnant devant chez lui. La voiture est partie toute seule et s'est abîmé le nez contre un mur. Même que j'ai dit au conducteur que le nombre 13 ne lui portait pas bonheur ! Et pourtant il était double !

Il ne nous manquait que le numéro de la maison, mais nous en savions assez pour la retrouver. Une demi-heure plus tard, nous arrivions à la montée Saint-Antoine, presque en dehors de la ville. Cette rue, très en pente, était bordée, d'un côté par un long mur, celui d'un cimetière, de l'autre par quelques maisons, séparées les unes des autres par des jardins. Malheureusement, la nuit tombait et, avec ce temps froid, la montée était déserte. Cependant, vers le bas, Mady aperçut une petite épicerie qui, par chance, était ouverte. Elle n'hésita pas.

— Entrons, dit-elle, nous verrons bien.

L'épicière était occupée à servir une unique cliente. Cependant, aimable, elle s'interrompit pour demander ce que nous voulions.

— Nous cherchons, dit Mady, des gens qui habitent dans cette montée, mais dont nous ne connaissons pas le nom. Nous savons simplement qu'ils ont récemment vendu leur auto et que la dame possède un panier en osier, un panier qui porte une bande rouge, tressée en travers.

La marchande hocha la tête.

— Je ne vois pas de qui vous voulez parler.

Mais aussitôt la cliente se pencha vers l'épicière :

— Au fait... un panier à bande rouge... ce pourrait bien être Mme Russieux. C'est même sûrement elle. Souvenez-vous ! Elle se servait chez vous autrefois. Il est vrai qu'à ce moment-là elle n'avait peut-être pas ce panier. Elle n'est plus revenue ici à cause... à cause... Je crois qu'elle vous devait de l'argent.

— C'est vrai, fit la marchande.

— Où habite-t-elle ? demanda Mady.

— Presque au sommet de la montée, expliqua la cliente, au numéro 17, une maison isolée avec un portail de fer sur le côté.

Nous sortîmes en remerciant, mais à peine étions-nous dehors que la cliente nous rejoignit.

— Ce que vous allez faire chez ces gens-là ne me regarde pas, dit-elle, et je ne veux pas le savoir, mais vous ne paraissez pas les connaître. Cela m'étonnerait qu'ils vous ouvrent.

— Pourquoi ?

La femme hésita un peu.

— Entre nous, ce sont de drôles de gens. Lui est une sorte de bon à rien. Je crois même qu'il a fait de la prison, autrefois. Il a travaillé dans plusieurs maisons de Vienne, comme aide-comptable ; il s'est fait renvoyer de partout. Vous dites qu'il a vendu son auto ? Cela ne m'étonne pas. Ils viennent aussi de vendre leur maison ; je l'ai appris pas plus tard que ce matin, à la boulangerie.

— Ont-ils des enfants ?

— Des enfants ! pensez-vous ?... Je les plaindrais, les pauvres petits !

Là-dessus, la femme s'éloigna dans la nuit qui tombait.

— Mon Dieu ! fit Mady soudain effrayée, si vraiment c'étaient ces gens qui suivaient Lyane ! Que peuvent-ils lui avoir fait ?

Je remontai la rue avec elle. La maisonnette portant le numéro 17 était une ancienne construction basse, sans étage. De l'extérieur, on distinguait seulement deux fenêtres dont les volets étaient fermés, et une porte de bois plein. Ses habitants étaient certainement là ; de la lumière filtrait, sous un volet. Nous attendîmes un moment, dans une encoignure que faisait le mur du cimetière. Mais à quoi cela nous servirait-il ? Il était trop tard à présent.

— Rentrons vite, dit Mady ; les autres Compagnons et Jacques doivent se demander ce que nous faisons. Nous reviendrons demain.

Nos camarades nous attendaient, en effet, rassemblés autour de la camionnette. Haletant, je racontai notre découverte. Ils restèrent stupéfaits par les renseignements que nous rapportions sur cet étrange ménage.

Le seul fait que ces gens-là étaient considérés comme de louches personnages dans le quartier, que l'homme avait fait de la prison et venait de vendre également sa maison, paraissait bizarre. Cela cadrait parfaitement avec l'allure du couple aperçu dans le Jardin des Plantes.

— Mon vieux Tidou, s'écria la Guille, je te fais mes excuses. Je ne t'avais pas pris au sérieux. À présent, ça change tout.

Mais, de la bande, c'était encore Jacques le plus excité.

— Il faut absolument que nous revenions demain, décida-t-il. Je ferai mes livraisons le matin et nous partirons dès le début de l'après-midi. Il faut surveiller de près les allées et venues de ces gens-là.

Et, s'installant au volant de la voiture, il fonça à toute vitesse en direction de Lyon.

Chapitre 9

L'étrange voyage

Je dormis mal cette nuit-là. Je revoyais la montée Saint-Antoine et entendais les paroles de la femme qui nous avait renseignés. Ah ! si j'avais jamais eu des doutes, ils avaient bien disparu ! Oui, ce triste couple était celui qui avait démarré, sous mes yeux, l'autre soir, et j'en déduisais qu'il avait enlevé Lyane. Mais pourquoi ? Certainement, ces gens manquaient d'argent. Avaient-ils espéré en trouver sur Lyane ? Même s'ils croyaient riche la famille de Lyane, comment imaginer que leur fille portait une grosse somme d'argent pour se rendre à un cours de danse ?

Ce matin-là, bien qu'en vacances, je me levai plus tôt que d'habitude. Mon petit déjeuner englouti, je descendis à notre « caverne ». Gnafron et le Tondu s'y trouvaient déjà. Les trois autres devaient bientôt nous rejoindre. Pour eux aussi le mystère était total. Une question se posait de nouveau. Après cette découverte, devions-nous avertir la police ?

— Ah ! non, trancha Gnafron avec force, après la douche que nous avons reçue, je ne remettrai plus les pieds au commissariat... D'ailleurs que dirions-nous ? Après tout, ces gens sont libres de vendre leur maison, leur auto... et leur chemise par-dessus le marché, si ça leur plaît ! Voilà ce que nous répondra la police.

— C'est vrai, admit Corget, nous n'en savons pas encore assez. Attendons.

Attendre ! toujours attendre ! Ah ! si nous avions pu, sur-le-champ, repartir pour Vienne ! Mais à quoi bon ? À peine serions-nous là-bas qu'il serait temps de rentrer. Heureusement que le grand Jacques, devenu notre fidèle ami, avait promis de venir nous chercher de bonne heure, dans l'après-midi.

Il arriva plus tôt que nous ne l'attendions, toujours dans la petite camionnette à l'enseigne de la Tulipe-Noire. Lui aussi avait mal dormi, persuadé, comme moi, que ces gens n'étaient pas étrangers à l'enlèvement de Lyane. Toute la bande, à l'exception de Mady, installée à l'avant, près du chauffeur, s'entassa à l'arrière de la camionnette, sans Kafi cette fois. Je ne l'avais pas emmené, de crainte qu'il ne soit reconnu.

Une demi-heure plus tard, nous débarquions à Vienne, sur le quai du Rhône, que nous abandonnions aussitôt pour la montée Saint-Antoine. Je montrai la petite maison. Les volets de deux fenêtres étaient simplement entrebâillés. Si, la veille, je n'avais pas aperçu de la lumière, j'aurais pu croire la maison inhabitée. Je désignai à mes camarades l'encoignure du mur où nous nous étions embusqués, Mady et moi. L'endroit était idéal. Sans être vus, nous pouvions observer tout ce qui se passait autour de cette maison. En cas d'alerte, il nous était même possible de nous glisser dans le cimetière, par le portillon qui s'ouvrait non loin de là.

Nous avions bien fait de nous hâter. À peine attendions-nous depuis un quart d'heure, que la porte de la maison s'ouvrit. Un homme apparut sur le seuil. D'assez petite taille, de corpulence très moyenne, il n'avait pas du tout l'allure de celui à qui il avait vendu sa voiture. Vêtu d'un pardessus gris aux poches déformées par un long usage, il portait un feutre noir, certainement pas très neuf non plus.

L'homme descendit la rue d'un pas alerte, comme quelqu'un qui se rend à son travail. Deux heures venaient de sonner. C'était normal.

— Suivez-le, dit Corget au grand Jacques et à Mady ; nous autres, restons en arrière.

Cependant, au lieu de se diriger vers les ateliers ou usines, situés plutôt à la périphérie, il descendait vers le centre. À cette heure de reprise du travail, l'animation facilitait notre surveillance. Jacques et Mady étaient toujours devant nous. Au moment où nous débouchions sur une petite place, ils revinrent en courant.

— Incroyable ! fit vivement Mady, vous ne savez pas où il est entré ?... au commissariat !

Il y avait, en effet, de quoi nous étonner. Que venait faire cet homme au commissariat ?

— Il y est peut-être employé, dit aussitôt la Guille.

Gnafron haussa les épaules.

— Penses-tu ! S'il a déjà été condamné, on ne l'a pas pris dans la police. Il y est plutôt convoqué.

Bistèque réfléchit.

— Il faut alors supposer que le commissaire de Lyon, malgré son air de ne pas nous croire, a poursuivi son enquête, et arrive au même résultat que nous.

Mais presque aussitôt, l'homme ressortit. Au total, il n'était pas resté plus de trois minutes. Cependant, il paraissait soucieux, comme quelqu'un qui vient d'apprendre une désagréable nouvelle. Que lui avait-on dit ? En si peu de temps, il n'avait pu subir un interrogatoire. Très intriguée, la bande le reprit en filature... ce qui nous ramena à notre point de départ, car l'homme rentra tout bonnement chez lui.

Un long moment s'écoula ensuite, pendant lequel personne ne quitta la maison. Malgré la température plus clémente que la veille, nous étions transis. Enfin, la femme sortit à son tour. Je crus reconnaître celle qui nous suivait l'autre jour. Un panier à bande rouge au bras, elle partait faire ses provisions. Par prudence... et aussi afin de ne pas laisser la maison sans surveillance, Corget envoya seulement Gnafron et la Guille sur ses traces. La femme ne s'absenta pas longtemps. Une demi-heure plus tard, elle était de retour. Nos deux « pisteurs » nous apprirent qu'elle était passée chez un charcutier, un épicier et dans une boulangerie.

Cependant, à peine était-elle rentrée, l'homme sortit de nouveau. La nuit tombait. Rien de plus facile que de le suivre, à distance, tous ensemble. À notre grande surprise, il se rendait encore au commissariat où il pénétra sans hésiter. Il ne s'y attarda d'ailleurs pas plus longtemps que la première fois. Mais, à peine dehors, il s'arrêta sous un lampadaire et sortit de sa poche quelque chose qui, de loin, ressemblait vaguement à un carnet. Certainement, on venait de le lui remettre. À sa façon de replacer vivement l'objet dans sa poche et de repartir allègrement, Mady conclut que, cette fois, il venait d'apprendre une bonne nouvelle et s'empressait de la rapporter à sa femme.

Nous aurions pu, évidemment, le reprendre en filature et nous assurer qu'il rentrait bien chez lui, mais cela ne paraissait faire aucun doute. D'ailleurs, il était tard. Le grand Jacques devait rentrer à Lyon pour ses livraisons. De son côté, Mady ne voulait pas inquiéter ses parents par une trop longue absence. La bande décida de repartir, mais en jurant de revenir, sans faute, le lendemain.

Durant le trajet du retour, les langues allèrent leur train. Chacun essayait d'expliquer ces étranges visites au commissariat. Qu'allait y faire cet homme qui avait déjà eu maille à partir avec la police ?

— Je ne vois qu'une explication, dit Corget. Il est venu réclamer un objet perdu, son portefeuille peut-être, que nous avons pris pour un carnet. Quand l'homme est descendu, au début de l'après-midi, le portefeuille n'avait pas encore été retrouvé, il ne l'a récupéré que ce soir.

Mais ce n'était qu'une supposition. À vrai dire, elle ne satisfaisait personne.

Il fallut attendre vingt-quatre heures pour éclaircir ce mystère. Le lendemain, en effet, revenus à Vienne dans la camionnette du grand Jacques, nous étions de nouveau embusqués dans la montée Saint-Antoine quand la porte de la maison s'ouvrit. L'homme reparut, vêtu de son long pardessus et coiffé de son feutre. Il était deux heures de l'après-midi, comme la veille. Se rendait-il encore au commissariat ? Persuadée qu'il y descendait tout droit, la bande ne se pressa pas de le suivre, certaine de le retrouver plus loin.

Nous nous trompions. Corget et le Tondu, qui avaient tout de même pris les devants pour le « filer », revinrent annoncer que l'homme n'avait pas traversé la petite place au bout de laquelle était le commissariat. Ils l'avaient perdu de vue. Heureusement, Mady reconnut sa silhouette, au bout d'une rue. Il se dirigeait vers le Rhône, en direction de l'endroit où nous avions laissé la camionnette. Débouchant à notre tour sur le quai, nous l'aperçûmes, arrêté sur une sorte de terre-plein, à côté de trois ou quatre personnes.

— J'ai compris, fit Corget, il attend un car ou un autobus. Restons là, nous saurons où il va.

Quelques minutes plus tard, en effet, un gros car bleu venait se ranger contre le terre-plein pour prendre les voyageurs qui attendaient. C'était un autobus à destination de Lyon mais, certainement, il ferait plusieurs haltes en cours de route.

— Vite ! en voiture, s'écria le grand Jacques... et en chasse !

Le temps de courir vers la camionnette, de remettre en marche son moteur refroidi, et le gros car avait disparu. Cependant, en appuyant à fond sur l'accélérateur, notre ami réussit à le rattraper avant même qu'il eût atteint le sommet de la longue côte au nord de la ville.

Alors, docilement, il le suivit jusqu'au premier arrêt dans un village. Pour ne pas le dépasser, il stoppa lui aussi et, afin de s'assurer que l'homme n'avait pas mis pied à terre, Gnafron sauta un instant hors de la camionnette.

Et la poursuite reprit. Après quatre ou cinq nouvelles haltes pendant lesquelles l'homme ne bougea pas, nous abordions les faubourgs de

Lyon. Avec les difficultés de la circulation, les multiples feux, les encombrements, il nous serait difficile de talonner l'autobus. C'est ce qui arriva en effet. Le car ayant franchi, de justesse, un feu vert qui passait à l'orange, la camionnette se trouva, un instant après, arrêtée par le feu rouge.

— Fichus ! se lamenta Gnafron, nous sommes fichus !

Devant nous, le car s'était déjà perdu dans la cohue des véhicules.

Heureusement, notre ami Jacques connaissait la ville à la perfection.

— Ne vous tracassez pas, dit-il, je sais où se trouve le terminus des cars de cette ligne. Je vais prendre un raccourci.

Il obliqua vers une petite rue, à droite, longea un square planté de tilleuls, suivit une avenue et, tout à coup, au moment où il débouchait sur une place, Gnafron poussa un cri de soulagement :

— Le voilà !

Notre autobus arrivait en même temps que nous ! Ses voyageurs mettaient pied à terre, notre homme parmi eux !

— À présent, il va peut-être prendre un trolleybus pour aller plus loin, supposa le Tondu. Ayons l'œil, il risque de nous échapper.

— Ça dépend, fit la Guille, s'il va dans le centre, il n'a que le pont à traverser.

En effet, l'homme n'avait pas l'intention de se rendre très loin. Il dédaigna le bus qui, précisément, stoppait à l'arrêt tout proche. Après s'être rapidement orienté, jetant un coup d'œil à droite, à gauche, il s'éloigna, gagna les quais du Rhône, traversa le pont et, sur l'autre rive, poursuivit son chemin tout droit vers le cœur de la ville.

— Cette fois, dit Corget, il ne peut plus nous échapper.

En effet, la foule, nombreuse dans ces quartiers du centre, permettait de nous rapprocher de lui sans courir le risque d'être repérés. Bientôt, l'homme déboucha dans la plus grande artère de Lyon, la rue de la République, où pullulent les banques, les magasins de luxe. Où allait-il ?

Tout à coup, il s'arrêta devant une vitrine, celle d'une grande agence de voyages. Instinctivement, il fouilla la poche intérieure de son pardessus, sans doute pour s'assurer qu'il n'avait pas perdu son portefeuille, puis s'approcha de la porte d'entrée. Mais, à ce moment, il hésita, jeta un regard autour de lui et revint se planter devant la vitrine comme s'il s'intéressait particulièrement aux maquettes de paquebots et d'avions exposées. Avait-il réellement l'intention d'entrer ?

— Ça y est ! s'écria Jacques qui avait suivi son manège, j'ai compris ! Le commissariat !... C'était son passeport qu'il venait y chercher. Dans certaines villes, les passeports sont délivrés par les commissariats. Il veut partir pour l'étranger.

À l'étranger ? C'était douteux ! Si cet homme était recherché par la police, il n'aurait pu obtenir son passeport... Et s'il n'était pas poursuivi, pourquoi chercherait-il à fuir ?

Finalement, après une dernière hésitation, l'homme s'était décidé à entrer.

— Restez là, dit Jacques, je vais voir ce qu'il fait dans cette agence ; je m'approcherai discrètement du guichet où il s'est adressé.

Puis, se tournant vers moi :

— Accompagne-moi, Tidou. Il vaut mieux être deux pour ne pas perdre un mot de ce que nous pourrons surprendre.

Intimidé par le luxe du vaste hall de l'agence, je laissai Jacques passer devant moi. Notre homme s'était approché d'un guichet portant en grosses lettres cette inscription : « TRANSPORTS AÉRIENS. » Il discutait avec l'employé. Jacques me fit signe de le suivre devant le guichet voisin qui, par chance, était celui des renseignements. Trois personnes, deux hommes et une femme, s'y trouvaient déjà.

— Prenons la suite, murmura Jacques, comme si nous venions aussi chercher un renseignement.

L'homme était près de nous ; nous aurions pu le toucher. Et voici ce que j'entendis :

— Un avion pour le Canada ? répétait l'employée à qui l'homme venait de poser la question... pour quelle ville ? Québec ?... Montréal ?... Ottawa ?

— Cela m'est égal. Je désire partir le plus tôt possible. Existe-t-il des avions directs ?

— Pas au départ de Lyon... Cependant, la

compagnie suisse qui assure la liaison avec le Canada dispose d'un appareil qui fait escale ici, une fois par semaine.

— Quel jour ?

— Le mercredi,... autrement dit demain, à 16 h 15,... mais il est déjà trop tard pour la réservation des places.

— Trop tard ? répéta l'homme.

— À moins, rectifia l'employée, que les locations ne soient peu nombreuses au départ de Genève, ce qui se produit assez rarement. Cette ligne est généralement surchargée.

— Quand serez-vous fixée sur les places encore disponibles ?

— Dans la soirée... Cependant, si vous voulez, je peux essayer de téléphoner à Genève.

— Oui, insista l'homme, téléphonez !...

— Je dois vous prévenir que cela peut demander du temps. Certaines lignes téléphoniques sont en dérangement, cet après-midi.

— Tant pis, j'attendrai.

— Alors, ne vous éloignez pas, je vous préviendrai.

L'employée indiqua les fauteuils disposés au fond du hall et l'homme, visiblement ennuyé, alla occuper l'un d'eux.

— Pas de chance, souffla le grand Jacques, si la communication n'arrive pas avant une heure, nous ne pourrons pas rester ici tout ce temps ; nous serions remarqués.

Il ne nous restait plus qu'à quitter le guichet

des renseignements où, précisément, notre tour était sur le point d'arriver, pour rejoindre nos camarades. Ceux-ci furent surpris d'apprendre que notre homme voulait partir pour le Canada et, dans sa hâte de prendre l'avion, ne s'inquiétait même pas de sa destination. D'ailleurs, avait-il l'intention de s'envoler seul ou avec sa femme ?

Je pensai à Lyane. Était-ce à cause d'elle qu'il prenait la fuite ? En tout cas, pour quitter la France avec tant de hâte, il avait probablement fait un mauvais coup, un très mauvais coup.

— Il faut à tout prix savoir s'il partira demain, déclara Jacques, mais Tidou et moi, à présent, nous ne pouvons plus remettre les pieds à l'agence. Nous serions repérés. Toi, Corget, va prendre notre suite au guichet des renseignements.

— Et que devrai-je demander quand viendra mon tour ?

— N'importe quoi... les horaires des trains rapides entre Lyon et Milan.

Corget pénétra donc dans l'agence. Dix minutes plus tard, il reparaissait, annonçant que l'homme était toujours dans son fauteuil et que la communication avec Genève n'avait pas encore été rétablie.

— Alors, à toi, Mady, fit Jacques.

Elle traversa la rue et entra dans le grand hall ; par malchance, personne n'attendait plus au guichet des renseignements, et elle revint aussitôt, navrée.

— Attendez, dit Jacques, j'ai trouvé le moyen d'occuper l'employé un bon moment.

Il arracha une page du carnet sur lequel il notait ses livraisons, et griffonna un itinéraire compliqué partant de Lyon et passant par Munich, Vienne (en Autriche cette fois), Budapest et Belgrade.

— Tiens, dit-il à Gnafron, tu tendras ça à l'employé en disant que ton père demande le prix du billet de chemin de fer en première classe. Ça représente une bonne demi-heure de recherches.

Le petit Gnafron partit avec son papier, mais à peine venait-il d'entrer que notre homme reparut. Après avoir hésité un instant, sur le trottoir, il traversa la rue et pénétra dans un café. Un instant plus tard, Gnafron reparaissait à son tour, furieux.

— Trop tard, fit-il navré, je suis arrivé juste au moment où il rentrait son portefeuille. Tout ce que je peux dire, c'est qu'il a eu satisfaction, puisqu'il a payé. Ça se voyait sur sa mine.

Groupée au bord du trottoir, la bande s'interrogea encore.

— Un passage en avion pour le Canada, réfléchit la Guille, ça doit coûter cher.

— Évidemment, fit Jacques.

— La somme que l'homme a pu retirer de la vente de sa voiture suffirait-elle ?

— Pour un seul billet, peut-être, mais si sa femme le suit là-bas, certainement pas.

— Alors, en conclut la Guille, voilà pourquoi il a aussi vendu sa maison.

— Pas forcément, fit Corget. S'ils ont l'intention de quitter la France pour toujours, il est naturel qu'ils « bazardent » tout ce qu'ils possèdent encore.

À ce moment, l'homme sortit du café. Il retraversa la rue et passa, de l'autre côté, juste en face de nous. Il avait, en effet, l'air soulagé de quelqu'un qui vient de régler une affaire délicate. Quittant la rue de la République, il se dirigea de nouveau, d'un bon pas, vers les quais du Rhône. À coup sûr, il allait reprendre un autobus pour rentrer à Vienne.

Le grand Jacques aurait volontiers sauté à son volant pour repartir là-bas, mais nous savions que ses livraisons l'attendaient.

— Non, dit Corget, pas la peine de retourner à Vienne ce soir. Il vaut mieux se réserver pour demain.

— Dans ce cas, approuva Jacques, je m'arrangerai encore pour être libre dès le début de l'après-midi. Nous partirons de bonne heure et nous serons dans la montée Saint-Antoine à temps pour les voir partir. Nous les suivrons ensuite jusqu'à l'aérodrome.

— Pour les voir s'envoler en emportant leur secret, soupira le Tondu.

— Ah ! ça non, fit le petit Gnafron, toujours furieux, ils ne partiront pas sans avoir vidé leur sac, je vous le promets...

Chapitre 10

Sur la grand-route

Si j'avai mal dormi, la nuit précédente, que dire de celle-ci ? Nerveux, angoissé, je changeais sans cesse de place dans mon lit pour essayer de chasser les pensées qui me hantaient. Réveillé par mes soupirs, mon bon chien avait quitté la descente de lit où il dormait et, la tête sur mon drap, semblait me dire : « Voyons, Tidou, pourquoi es-tu si inquiet ? »

Des idées épouvantables me traversaient l'esprit. L'homme et la femme allaient s'envoler et le mystère de la disparition de Lyane ne serait jamais éclairci. Pourtant, à coup sûr, ils partaient à cause de Lyane. Qui sait si, en attendant, ils ne la cachaient pas chez eux ?

Oui, cette idée m'était venue brusquement et, depuis, avait fait son chemin. Ils séquestraient Lyane dans leur maison isolée et se préparaient à l'emmener ! Pourtant, c'était incompréhensible.

Quelles raisons avaient-ils de payer, pour elle, le prix d'une coûteuse traversée ?

Dans mes cauchemars, j'entendais la petite danseuse nous appeler à son secours. Alors, je courais éperdument, dans la nuit, à sa recherche.

En m'éveillant, le matin, je me dis avec effroi :

« Plus que quelques heures ! Cet après-midi, ils vont fuir... et ce sera fini. »

Un moment plus tard, je descendis rejoindre mes camarades dans la « caverne ». Je les trouvai aussi anxieux que moi. Le petit Gnafron, si sûr de lui la veille, avait passé une nuit blanche à se demander si nous trouverions le moyen d'empêcher ces deux louches personnages de partir. Ah ! si nous avions pu, tout de suite, enfourcher nos vélos, partir pour Vienne ! Nous devions attendre Jacques. Pourrait-il se libérer facilement afin que nous arrivions assez tôt là-bas ?

Pendant le repas de midi, je mangeai du bout des dents, cachant à grand-peine mon inquiétude. En effet, depuis la désastreuse visite au commissariat, nous n'avions plus dit grand-chose à nos parents. Ils pensaient nos recherches inutiles puisque le commissaire, lui-même, avait abandonné les siennes.

La dernière bouchée du dessert avalée, je jetai mon manteau sur mes épaules et sortis, avec Kafi qui pourrait être utile. Il nous avait déjà rendu de si grands services ! Le ciel était couvert, l'air vif, mais, depuis quelques jours, je ne pensais plus à regarder le ciel et je me moquais du froid.

À une heure et quart, Jacques, notre fidèle allié, arriva, un peu en avance sur l'heure prévue. Lui aussi était très excité. Le matin, il avait évité de justesse deux accidents en faisant ses livraisons.

— En route !

La bande s'installa tant bien que mal dans la « Tulipe noire », ainsi que nous surnommions la petite camionnette. La ville traversée, Jacques accéléra l'allure. Nous avions l'esprit si tendu que personne ne soufflait mot. La voiture de livraison n'était pas très puissante, mais notre chauffeur la poussait à fond et les kilomètres défilaient vite. Certainement, l'homme et la femme ne seraient pas encore partis.

Tout à coup, alors que Vienne n'était plus qu'à une dizaine de kilomètres, le moteur de la « Tulipe noire » se mit à « renâcler », imprimant à la carrosserie des secousses. Agacé, Jacques tira sur le starter, en même temps qu'il donnait de petits coups sur la pédale de l'accélérateur.

— Qu'est-ce que c'est ? demanda le Tondu inquiet, une panne d'essence ?

— Sûrement pas, j'ai fait le plein du réservoir tout à l'heure.

— Alors ?

— Je ne sais pas, on dirait que ça vient des bougies.

— C'est grave ? demanda Gnafron.

Jacques ne répondit pas et continua ses manœuvres. Le moteur ne réagissait plus à ses commandes. La voiture perdait de la vitesse. Obliquant sur la droite, pour se garer, le conducteur l'arrêta tout à fait et, sautant prestement à terre, souleva le capot.

— Je m'y connais un peu en mécanique, dit le Tondu, je vais te donner un coup de main.

— Nettoie les bougies, elles sont peut-être noyées.

Nous étions tous descendus sur le bas-côté de la route. La main protégée par son mouchoir, le Tondu dévissa deux bougies brûlantes, tandis que Jacques s'occupait des deux autres. Les bougies ruisselaient d'essence, ce qui suffisait pour les empêcher de fonctionner. La bande poussa un soupir de soulagement. Je jetai un coup d'œil sur ma montre. Le nettoyage des bougies n'avait pas été long, cinq minutes seulement.

Mais quand, les bougies revissées, Jacques se remit au volant, catastrophe ! Impossible de démarrer le moteur. Fou de rage, Jacques redescendit soulever le capot. Il tripota des fils... et laissa échapper un cri de désespoir.

— Malheur ! la bobine d'allumage !... brûlante... elle est grillée.

Je ne compris pas très bien ce qu'il voulait dire, mais, à sa mine, c'était sûrement très grave.

— La bobine est fichue, reprit-il, navré... et je

n'en ai pas de rechange. À quelle distance sommes-nous de Vienne ?

— Huit kilomètres, répondit Mady. Je viens de le lire sur la dernière borne.

— Et du dernier village que nous avons traversé ?

— À quatre ou cinq, fit le Tondu. Ce devait être Saint-Symphorien.

Jacques se passa rageusement la main dans les cheveux en réfléchissant.

— Je trouverai sans doute une bobine de rechange à Saint-Symphorien, mais quatre kilomètres à pied..., et autant pour revenir !

— Essayons de faire du stop, proposa Mady.

C'était la seule ressource, en effet. Alignés au bord de la route, les pouces pointés vers le nord, il ne nous restait plus qu'à attendre un conducteur complaisant. Par malchance, à cet endroit, la route était droite et dégagée. Les voitures passaient nombreuses mais à toute vitesse, sans s'arrêter. Enfin, au bout d'un quart d'heure, un chauffeur de « poids lourd » consentit à stopper et Jacques monta à bord.

— Ne vous inquiétez pas ! lança notre pilote. Rien n'est perdu. Je reviens tout de suite.

Ah ! cette attente ! Les minutes me semblaient interminables et notre ami Jacques ne revenait pas.

Deux heures et quart ! Toujours rien ! L'homme et la femme avaient déjà quitté Vienne. Ils allaient passer dans un autobus. En effet, presque aussitôt, un gros car surgit, venant du sud : probablement celui que nous avions suivi la veille. Grimpé sur le talus de la route, pour être à bonne hauteur, je le regardai passer. Malheureusement, impossible, à travers ses vitres embuées, de distinguer autre chose que de vagues silhouettes.

Trois heures ! Jacques ne revenait toujours pas. Avait-il seulement trouvé, à Saint-Symphorien, la pièce de rechange ?

Je regardais un gros camion de déménagement qui venait du sud, lui aussi, et allait lentement passer devant nous, quand une voiture qui le suivait de près, klaxonna pour le doubler. Je sursautai. Je venais de reconnaître son pilote. À coup sûr, c'était notre homme. Il avait loué ou emprunté une autre voiture mais, aucun doute, c'était lui... Et même, pendant le bref instant où il tourna la tête de notre côté, il me sembla que, lui aussi, m'avait reconnu... ou plutôt qu'il avait reconnu Kafi, car son regard s'était abaissé exactement en direction de mon chien. Avait-il fait un brusque rapprochement avec le soir où il m'avait observé, avec Kafi, dans le Jardin des Plantes ?

Tout cela n'avait duré qu'un instant. D'un brusque coup de volant, au risque d'accrocher la voiture qui venait face à lui, l'homme doubla le camion de déménagement. Je me précipitai sur la chaussée pour voir la voiture s'éloigner.

— Regardez !... C'est lui !

L'auto était déjà loin. Cependant, Mady et le Tondu eurent le temps, comme moi, de distinguer deux têtes à travers la vitre arrière.

— Oh !

Les jambes coupées par l'émotion, je revins m'appuyer contre la camionnette. Oui, à présent, j'en étais sûr. Il y avait trois personnes dans la voiture : l'homme, seul, à l'avant, et deux autres, à l'arrière. Qui était la troisième ?... Lyane ?

Chapitre 11

Alerte sur l'aérodrome

Adossé à la camionnette, je me remettais à grand-peine de mon émotion. Tous mes membres tremblaient. Et je ne cessais de répéter :

— Je vous assure que Lyane était avec eux... et l'homme nous a reconnus ; en tout cas il a reconnu Kafi.

Les Compagnons et Mady, aussi abasourdis que moi, en restaient muets. Seul, le bouillant Gnafron manifestait son dépit en faisant mine de s'arracher les cheveux.

Et Jacques qui ne revenait toujours pas ! Lui était-il arrivé quelque chose en route ?

Trois heures et demie !... Quatre heures moins le quart ! Au moindre ronronnement de moteur, dans le ciel, nous levions la tête, nous demandant si ce n'était pas l'avion qui emportait Lyane ?

Enfin, Jacques apparut sur la route. Il arrivait

à pied, suant, soufflant comme un phoque. Aucune voiture ne s'était arrêtée pour le prendre à son bord et il venait de faire quatre kilomètres à pied. Heureusement, il rapportait la bobine de rechange. Quand je lui expliquai ce que je venais de voir, les bras lui en tombèrent. Puis, se rendant compte de la gravité de la situation, il consulta sa montre.

— Vite ! aidez-moi !... les outils !... le tournevis !... la pince !

Il était habile de ses doigts ; cependant, la nervosité rendait ses gestes imprécis. Le tournevis et la pince glissaient de ses mains. Finalement, il était quatre heures une à ma montre quand, la bobine remontée, le moteur de la « Tulipe noire » ronfla de nouveau.

Plus que quatorze minutes pour faire demitour et gagner l'aérodrome de Lyon-Bron, heureusement nous n'aurions pas à traverser la ville puisqu'il se situait dans la banlieue sud-est. Avec quelque chance, en poussant le moteur au maximum nous pouvions encore arriver à temps.

Appuyant rageusement sur l'accélérateur, notre ami Jacques lança la camionnette à toute allure sur la grand-route. Puis, à l'entrée d'un gros faubourg, il vira si brusquement à droite que, dans le fond de la voiture, le Tondu et Kafi roulèrent sur mon dos.

— Plus vite ! hurlait quand même Gnafron, cramponné au dossier du chauffeur.

À un moment, nous eûmes très peur en apercevant un gros quadriréacteur qui rasait les toits.

— C'est lui ! s'écria Bistèque, il vient de décoller.

— Non, répondit le Tondu. C'est un avion qui arrive, il vient de sortir son train d'atterrissage pour se poser.

— Plus vite ! hurlait toujours Gnafron.

Enfin, apparurent les bâtiments de l'aéroport. Seuls, nous n'aurions pas su nous diriger. Heureusement, Jacques connaissait les lieux. Il y venait parfois, l'hiver, chercher des cageots de fleurs, expédiés de Nice par avion. Un virage à droite, un autre à gauche, un vigoureux coup de frein et, sans se soucier de se garer dans le parking, il stoppa devant le hall de la salle d'attente.

Toute la bande s'engouffra, derrière lui, dans le grand bâtiment.

— L'avion pour le Canada ? demanda vivement notre ami au premier employé rencontré ; est-il parti ?

L'homme jeta un coup d'œil sur une horloge.

— Normalement, il aurait déjà dû décoller... mais je ne l'ai pas entendu.

Puis, se penchant pour regarder par une grande baie vitrée :

— Tenez ! regardez-le, là-bas, en bout de piste... Il doit attendre l'atterrissage du courrier d'Afrique du Nord qui a un peu de retard... à moins qu'il n'ait une petite difficulté.

On distinguait, en effet, la longue silhouette blanche du gros appareil, immobilisé à l'autre bout du terrain, ce qui représentait un bon kilomètre.

Comment savoir si Lyane était réellement à bord ?

De toute façon, il n'était pas question de courir jusque là-bas, à travers les pistes interdites.

Tout à coup, une main se posa sur l'épaule de la Guille.

— Eh bien, mon jeune ami Robert, que fais-tu ici ?

C'était un douanier, un ancien voisin de notre camarade du temps où celui-ci habitait le quartier de la Guillotière... ce qui lui avait d'ailleurs valu son surnom. La Guille sauta sur l'occasion. Il tombait bien. Le douanier sortait justement de la salle de contrôle où, en compagnie de deux autres collègues, il avait visité les bagages des voyageurs en partance pour le Canada.

— Vite, monsieur Marait, un renseignement !

Il donna en quelques mots le signalement de l'homme et de la femme.

— En effet, fit le douanier, je vois de qui tu veux parler. C'est moi qui ai contrôlé leurs bagages.

— Ils étaient seuls ?

— Une jeune fille les accompagnait.

— De quel âge ?

— Douze ou treize ans... peut-être un peu plus.

— Elle avait des cheveux longs ?

Le douanier hocha la tête.

— Je ne crois pas ; plutôt coupés court, à la Jeanne d'Arc.

— Cependant, ils étaient blonds ?

— Oui, blonds... du moins, il m'a semblé.

— Et son manteau ?... bleu foncé, n'est-ce pas ?

Le douanier secoua encore la tête.

— Non, pas bleu ; ça, j'en suis sûr. Il était gris, à carreaux... et je peux ajouter que, derrière ses lunettes, cette jeune fille paraissait très triste.

— Ses lunettes ? reprit la Guille suffoqué.

Il se tourna vers nous, interrogateur.

— Oui, fit vivement Gnafron, j'ai compris. Ils l'ont transformée pour que personne ne la reconnaisse. C'est elle ! Vite, où est le bureau de police ?

— Là-bas, fit le douanier, ahuri ; au fond de la salle... mais de quoi s'agit-il ?

Il attendrait la réponse ! Galopant à travers le hall, nous étions déjà à l'autre bout. Sans prendre le temps de frapper, Jacques poussa une porte.

— Le commissaire ? je veux voir le commissaire !

L'agent de faction le prit de haut.

— Vous auriez pu frapper !... Le commissaire est occupé.

— Où ?

— Il est sorti avec deux inspecteurs... une histoire de fraude. Attendez-le !

Mais, au moment où Jacques quittait le bureau, la voix nasillarde d'un haut-parleur annonça l'arrivée du courrier d'Afrique du Nord. Notre avion allait donc décoller.

— Retournons voir le douanier, dit vivement la Guille, il nous donnera peut-être une idée, pour empêcher l'avion de partir.

Une nouvelle galopade, et nous voilà lancés à la recherche de l'uniforme bleu. Par chance, l'ami de la Guille n'avait pas quitté le hall.

— Tout à l'heure, expliqua, haletant, notre camarade, je n'ai pas eu le temps de vous expliquer. L'homme et la femme dont je vous ai parlé sont des bandits qui ont enlevé la jeune fille et l'emmènent au Canada. Il faut absolument les arrêter, tout de suite.

Le brave homme ouvrit des yeux ronds.

— Que dis-tu ?... des bandits ?

— Nous voulions voir le commissaire. Il est absent. Dans quelques instants, ce sera trop tard. Oh ! monsieur Marait, aidez-nous !

Ahuri, le douanier (qui avait d'ailleurs le grade de brigadier) réfléchit.

— Faites vite quelque chose, supplia le petit Gnafron, accroché à sa vareuse. Empêchez l'avion de décoller !

Le douanier se gratta la tête et, tout à coup, s'écria :

— Suivez-moi !

Il nous entraîna le long d'un escalier qui grimpait vers les terrasses du grand bâtiment et frappa à une porte sur laquelle on lisait ces mots : « Direction de l'aéroport. »

— Le directeur, s'il vous plaît ?

— Que lui voulez-vous ?

— Il faut immédiament empêcher l'avion en partance pour le Canada de décoller. À bord se trouve une jeune fille qui a été enlevée.

— Comment ?... Un enlèvement ?... Pourquoi le commissaire n'a-t-il pas téléphoné lui-même ?... Qui vous envoie ?

— Le commissaire est introuvable. Je prends cette démarche sous ma responsabilité. Ces garçons sont formels ; ils ont reconnu la jeune fille... moi aussi.

L'homme hésite. L'affaire ne lui paraît pas claire. Enfin, il se décide, décroche un appareil téléphonique, appelle la tour de contrôle.

— Allô ! Message urgent ! Donner ordre à pilote du R124 de ne pas décoller et de placer son appareil sur l'aire d'attente. Attendre instructions.

Comme tous mes camarades, je pousse un soupir de soulagement. Oubliant de remercier l'obligeant douanier, nous dégringolons l'escalier pour nous précipiter sur le terrain. En dépit des écriteaux qui en interdisent l'accès, nous voici galopant sur le champ nu, avec Kafi. Après avoir décrit un lent quart de cercle, l'appareil s'est immobilisé sur une piste secondaire. En quelques minutes, nous l'avons rejoint. Les passagers, qui ont quitté la carlingue par l'échelle de secours, commencent à grimper dans le gros car venu au-devant d'eux et qui va les ramener dans la salle d'attente. Ceux que nous cherchons ne sont pas dans le groupe des voyageurs qui attendent pour y prendre place.

— Attendez ! dit Gnafron, je ne suis pas gros, je vais me faufiler à l'intérieur !

Il se glisse à travers la foule et réussit à s'introduire dans la voiture, mais presque aussitôt, il redescend, consterné.

— Personne ! J'ai bien vu une jeune fille de treize ou quatorze ans. Ce n'était pas Lyane.

— Et Russieux ?... Sa femme ?

— Pas là non plus !

Nous nous regardons, abasourdis. Où peuvent-ils être ? Alors, toutes sortes d'idées me passent par la tête : je me suis trompé ; ce n'étaient pas eux qui suivaient le camion de déménagement, sur la route ; ou, la veille, ce n'était pas pour lui que l'homme prenait des billets, à l'agence de voyages... ou encore il n'avait pu les obtenir.

Mais, tandis que nous restions là, anxieux, Kafi, qui a profité de sa liberté pour gambader plus loin, vient se frotter dans mes jambes en m'apportant quelque chose.

— Un chapeau ! s'écrie Bistèque.

Je saisis la coiffure, l'examine rapidement ; mon sang ne fait qu'un tour.

— Oh ! le feutre gris de l'homme ! La coiffure qu'il portait encore, tout à l'heure, dans la voiture, quand il nous a dépassés.

Je me penche vers mon chien.

— Où as-tu trouvé ça, Kafi ?... Montre !...

Tout joyeux, Kafi s'éloigne, la queue battante. Nous le suivons. Il contourne l'appareil et s'arrête, de l'autre côté de l'avion, en bordure de la piste.

Il flaire alors l'herbe à un endroit précis et relève la tête vers moi en poussant de petits grognements de joie. Comment cette coiffure a-t-elle échoué là ? L'air est parfaitement calme ; un coup de vent n'aurait pu l'emporter. Donc, l'homme l'a probablement perdue en courant et, dans sa précipitation, il n'a pas pris le temps de la ramasser.

— Je comprends, fait le grand Jacques, tout à l'heure, quand l'ordre a été donné au pilote de ne pas prendre le départ, l'hôtesse a averti les passagers que le décollage était retardé et qu'un car allait venir les prendre pour les ramener à l'aérogare. À ce moment-là, notre homme a pris peur. Comme tu le supposes, Tidou, il vous avait reconnus sur la route... tout au moins il avait reconnu Kafi. Peut-être s'était-il déjà douté que nous le filions ? À l'annonce de l'hôtesse, il a tout de suite pensé qu'on le recherchait. Affolé, sitôt à terre, il s'est glissé derrière l'appareil en entraînant Lyane et sa femme à travers champs.

— Formidable ! s'écrie Gnafron, c'est exactement ce qui a dû se passer... et l'endroit où Kafi a trouvé le chapeau indique la direction qu'ils ont prise !

— Oui, approuve Bistèque. En quittant l'appareil, ils ont filé de ce côté. Ils sont peut-être cachés là-bas, dans le petit bois.

Alors, je laisse Kafi flairer la coiffure. Mon brave chien a tout de suite compris. Ce genre d'exercice lui est familier. Sans hésiter, il nous conduit vers le bosquet, un simple taillis, d'ailleurs, car, dans un large périmètre autour de l'aérodrome, les grands arbres ont été abattus.

— Cherche, Kafi !... Cherche !

Les fugitifs sont venus là, mais ils demeurent introuvables. Cependant, Kafi s'arrête longuement et lève la tête vers moi d'un air de dire : « Tu vois, Tidou, ils ont fait halte ici. »

Je l'invite à flairer de nouveau la coiffure et à reprendre la piste. Il nous entraîne dans une autre direction.

— Ça y est ! s'écrie Mady, j'ai deviné. Ils se sont d'abord réfugiés dans le bois, pour se mettre hors de vue. De là, par un grand détour, ils ont décidé de rejoindre leur voiture de location, abandonnée sur le parking de l'aérodrome.

L'idée de Mady est excellente. Nous reprenons notre course, derrière Kafi qui contourne l'immense champ nu. Mady suit avec peine. La Guille trébuche sur une motte de gazon, roule à terre mais se relève aussitôt.

— Plus vite, hurle Gnafron qui, en dépit de

ses courtes jambes, tient pied au grand Jacques ; nous arriverons peut-être à temps.

Le vaste parking de l'aérogare n'est plus qu'à deux ou trois cents mètres quand Corget pousse un cri.

— Là-bas ! à droite, une voiture qui manœuvre pour s'en aller ! C'est elle !

Trop tard ! Nous n'aurons pas le temps de l'atteindre avant que, sa manœuvre terminée, elle ne prenne la route... mais mon chien, lui, pourra peut-être la rejoindre.

— Vite, Kafi ! Rattrape-la !... empêche-la de partir !

Ah ! la brave bête ! En quelques bonds énormes, il débouche sur le parking. Le chauffeur de la voiture, qui a baissé la vitre de la portière pour mieux diriger sa manœuvre en marche arrière, l'aperçoit, essaie de le chasser. Plus de doute ! C'est bien notre homme. Hélas ! il a eu le temps de dégager le véhicule qui, face à la route, se lance sur la voie libre. Furieux, je crie de loin à mon chien :

— Vas-y, Kafi ! Arrête-le !

Furieux, lui aussi, mon bon chien a deviné que, dans quelques instants, la voiture roulera trop vite. Alors, d'un bond prodigieux, il s'élance et réussit à s'accrocher à la portière. D'un geste instinctif de défense, le chauffeur veut l'écarter, la voiture zigzague dangereusement.

— Tiens bon, Kafi ! mords-le !

Cependant, la voiture a retrouvé son équilibre. Elle reprend de la vitesse et s'éloigne de nous. Mais, Kafi se cramponne toujours. D'un coup de croc, il arrache la manche du conducteur. Cette fois, l'homme perd le contrôle de la direction. La voiture va d'un bord à l'autre de la route, puis glisse vers un fossé et s'immobilise contre un talus.

Affolés, l'homme et la femme bondissent du véhicule pour se sauver à travers champs, mais Kafi ne l'entend pas ainsi. Faisant mine de leur sauter à la gorge, il les paralyse sur place. Toute la bande arrive à son aide. Tandis que mes camarades entourent les fugitifs, je me précipite vers la voiture.

— Lyane !

L'auto est vide. Je me retourne vers l'homme et la femme, tenus en respect par Kafi.

— Où est Lyane ?

Au lieu de répondre à la question, ils nous injurient, nous menacent de la police.

— Parfaitement, répond Jacques, vous vous expliquerez devant la police. En attendant, où est Lyane ?

Ils feignent l'ignorance.

— De qui parlez-vous ? Nous ne comprenons pas... Vous voyez bien qu'il n'y a personne dans la voiture.

Le doute m'effleure de nouveau, mais Mady ne s'est pas laissé prendre.

— N'écoute pas, Tidou, ils mentent. Ils ont

entraîné Lyane dans leur fuite ; elle a peut-être pu leur échapper ; dans leur affolement, ils n'ont pas cherché à la rejoindre. Viens ! essayons de la retrouver !

— D'accord, approuve Jacques, partez à sa recherche. Ne craignez rien pour nos prisonniers ; ils sont sous bonne garde.

Sans prendre le temps de souffler, je repars avec Mady et mon chien pour refaire, en sens inverse, le tour de l'aérodrome. Grâce à son flair extraordinaire, Kafi retrouve sans peine le chemin que nous avons suivi. De temps à autre, je l'invite à s'arrêter pour nous donner le temps d'examiner les alentours. Rien. À présent, mon bon chien comprend bien que nous cherchons autre chose, mais quoi ? Ah ! si je pouvais lui présenter un objet ayant appartenu à Lyane, il aurait tôt fait de retrouver sa trace !

Nous avons déjà parcouru plusieurs centaines de mètres sans découvrir le moindre indice, quand, à quelques pas devant nous, Kafi tombe en arrêt, le nez au sol. Nous accourons pour savoir ce qui l'intrigue.

— Oh ! s'écrie Mady, une paire de lunettes !

Kafi les a déjà saisies par une branche ; elles se balancent au bout de ses crocs. Il me les tend d'un air de dire : « Est-ce cela que tu cherchais ? »

Tout de suite, nous avons pensé à Lyane. D'après le douanier, la jeune fille portait des lunettes. Cependant, comme moi, Mady imaginait des lunettes à verres fumés, pour le soleil, qui dissimulent mieux le regard. Celles-ci ont des verres ordinaires. Auraient-elles été perdues par quelqu'un d'autre ?

— Non, s'écrie soudain Mady en les ajustant devant ses yeux, ce sont les lunettes qu'ils obligeaient Lyane à porter. Regarde, on distingue tout parfaitement, les verres ne déforment rien, ils sont neutres.

Cette découverte ravive notre espoir. Reposant la précieuse trouvaille à terre, j'invite Kafi à la flairer. Bien sûr, cette fois encore, il comprend ce que je lui demande, mais il se montre moins enthousiaste. Il hésite, inquiet. Il aurait préféré autre chose, un morceau de tissu, par exemple. L'étoffe garde tellement mieux les odeurs !

Cependant, plein de bonne volonté, il cherche autour de l'endroit où les lunettes sont tombées, s'écartant à droite, à gauche de l'ancienne piste, celle du chapeau. Finalement, il s'arrête, revient vers moi en levant la tête. Ses bons yeux me disent : « Ce que tu me demandes est trop difficile, Tidou, je ne peux pas. »

Enfin, pris d'une subite inspiration, il repart vers la droite et découvre le fil de la nouvelle piste qui, s'il ne se trompe pas, s'écarte nettement de la première. Il recommence à battre de la queue, signe qu'il est satisfait de lui.

— Regarde ! s'écrie Mady, il nous entraîne vers le hameau qu'on aperçoit là-bas. Elle a pu se réfugier dans une de ces maisons !

En effet, à présent Kafi n'hésite plus. Je suis même obligé de le freiner pour qu'il ne s'éloigne pas trop vite. Et tout à coup, il s'arrête, se tourne vers nous en poussant de petits grondements d'appel. Il vient de découvrir quelque chose d'anormal qui l'intrigue.

— Oh ! s'écrie Mady... là-bas, dans l'herbe !...

Nous nous précipitons. Une forme, en manteau gris à carreaux, est allongée sur le sol, inerte.

— Lyane !

Malgré ses cheveux coupés court, ses traits tirés, son teint pâle, nous l'avons tout de suite reconnue. Penchée sur elle, Mady prend sa main.

— Lyane !

Elle est évanouie. Fatiguée, malade peut-être, elle a dû trébucher sur un caillou caché par les herbes sèches et s'effondrer sans pouvoir se relever. Mady essaie de la ranimer, en vain. Alors, elle se tourne vers moi :

— Je reste auprès d'elle. Cours vite à l'aéroport ; demande qu'on envoie une ambulance.

Chapitre 12

Le secret du voyage

La salle d'infirmerie de l'aéroport, une pièce blanche aux murs nus, comme toutes les salles de ce genre. Lyane est étendue sur un divan. Inquiets, nous attendons l'instant où elle reprendra ses sens.

— Rassurez-vous, dit l'infirmière, elle n'est pas en danger, son pouls est régulier, seulement un peu lent ; un simple malaise dû à l'émotion ou au froid.

De nous tous, le grand Jacques est à coup sûr le plus impatient de la voir ouvrir les yeux. À présent, il est convaincu que les chaussons et le tutu déchirés n'ont rien à voir avec le drame qui vient de se dérouler ; malgré tout, il en attend la preuve certaine.

Pauvre petite Lyane ! Elle a bien changé depuis quinze jours. Ses joues se sont creusées et elle est si pâle...

Enfin, elle commence à s'agiter. Elle remue ses doigts. Ses jambes sont parcourues de frissons.

— La piqûre que je viens de lui faire va la ranimer complètement, assure l'infirmière.

En effet, bientôt, elle ouvre les yeux, des yeux encore troubles qui ne voient rien, ne s'arrêtent sur rien. L'infirmière s'approche et lui prend la main.

— Comment te sens-tu ?

Lyane ne répond pas, mais elle soupire longuement. L'infirmière apporte un bol de tisane qu'elle lui fait boire à la petite cuiller. Le liquide chaud la réconforte. Elle se redresse et demande :

— Où suis-je ?... dans un autre pays ?

— Non, mon enfant, l'avion vient de s'envoler sans toi, tu es à Lyon.

— À Lyon ?

Ce nom a provoqué un choc dans son esprit. Elle réfléchit et, s'appuyant sur ses coudes, nous découvre enfin.

— Oh ! murmure-t-elle, les Compagnons ! Vous êtes là ?

Son regard, encore un peu vague, va de l'un à l'autre, puis s'arrête sur Jacques avec une sorte d'effroi.

— Oui, fait vivement Corget, celui-ci, tu ne le connais peut-être pas, il est notre ami, le tien aussi... plus tard, nous t'expliquerons pourquoi il est là, avec nous.

Elle laisse à nouveau sa tête retomber sur l'oreiller et, les yeux clos, semble prête à se rendormir, mais soudain elle se redresse et, la voix pleine d'angoisse, comme si ses souvenirs revenaient avec précision, elle demande :

— Et l'homme ?... et la femme ?

Nous nous interrogeons du regard. Devons-nous, tout de suite, avant de savoir exactement ce qui s'est passé, révéler que ces deux tristes personnages sont là, sous bonne garde, en attendant l'arrivée du commissaire, appelé par téléphone.

— L'homme ! redemande-t-elle avec une peur grandissante, il va venir me reprendre ?... Non, je ne veux pas !...

Elle serre ses bras contre sa poitrine, dans un geste de protection.

— Ne crains rien, dit Mady, oublie ta peur. Tout à l'heure, tu vas retrouver tes parents.

Au même moment, quelqu'un frappe à la porte et entre. Nous reconnaissons le commissaire du quartier de l'hôtel de ville. Il jette un coup d'œil vers Lyane puis, se tournant de notre côté et nous considérant comme des bêtes curieuses :

— Qu'est-ce que je viens d'apprendre ? Elle a été retrouvée ici ! C'est absolument incroyable. Comment ?... et par qui ?

— Par nous, répond tranquillement Gnafron.

Le commissaire croise les bras, ahuri.

— Quoi ? vous allez me faire croire ?...

— On ne veut rien vous faire croire, monsieur le commissaire, c'est la vérité. Vous aviez déclaré l'enquête terminée ; ce n'était pas notre avis... alors nous l'avons continuée.

— Incroyable, répète-t-il, incroyable ! Vous ne prétendez pas que vous seuls...

— Si, monsieur le commissaire, nous seuls... avec notre chien... il était grand temps.

Le commissaire murmure quelque chose entre ses dents, puis, s'approchant de Lyane :

— Voyons, ma petite, que s'est-il passé ? Cette lettre que tu as écrite ?... ta valise retrouvée au bord du Rhône ?...

— Je vous en prie, monsieur le commissaire, intervient l'infirmière, ne lui posez pas de questions. Elle vient juste de reprendre connaissance. Elle n'a pas encore réalisé dans son esprit ce qui lui est arrivé.

— C'est vrai, excusez-moi, fait le commissaire.

Puis, se tournant vers nous :

— Voulez-vous sortir avec moi ?

Il nous entraîne hors de la salle.

— Alors ? demande-t-il vivement, expliquez-moi ! Je ne sais pour ainsi dire encore rien. Mon collègue de l'aéroport m'a juste téléphoné que la petite danseuse avait été retrouvée au moment où elle s'envolait pour le Canada... et je vous trouve là, avec elle. Vous étiez donc au courant ? Vous ne m'avez pas tout dit, l'autre jour ?

— Si, monsieur le commissaire, absolument

tout... mais quand nous vous avons montré les billets de cinéma, vous vous êtes moqué de nous.

Le commissaire fronce les sourcils, embarrassé...

— Vous n'allez pas me dire...

— Si, monsieur le commissaire, coupe Gnafron, ce sont les billets de cinéma qui nous ont mis sur la voie.

Le commissaire réfléchit en grattant la verrue qui orne sa joue droite.

— Et pourquoi cet homme et cette femme que je viens juste d'entrevoir, dans le bureau de mon collègue, l'auraient-ils enlevée ?

— Ah ! ça, fait Corget, c'est une autre histoire. Nous nous étions juré de retrouver Lyane ; pour le reste !...

Le commissaire nous regarde encore curieusement, puis ses traits se détendent. Un vague sourire éclaire son visage.

— En somme, vous voulez dire que c'est à nous de découvrir la suite, n'est-ce pas ? Eh bien, accompagnez-moi !

Il nous conduit vers le bureau de police de l'aérodrome où Russieux et sa femme attendent, debout, sous la surveillance de deux agents et de l'inspecteur qui joue le rôle de commissaire à l'aéroport.

— Je viens de les interroger, explique celui-ci. Ils se refusent à répondre.

Cependant, notre arrivée semble les troubler.

La femme jette vers Kafi un regard mauvais, et mon bon chien se met à gronder d'une colère mal contenue.

À son tour, le commissaire essaie de tirer quelque chose des deux prisonniers. Peine perdue.

— Nous n'avons rien à dire, fait simplement l'homme, sinon que nous ne comprenons pas pourquoi on nous a fait manquer l'avion.

— C'est bien, murmure le commissaire, qui a retrouvé son calme, nous attendrons.

Se tournant vers nous, il nous invite, devant eux, à dire ce que nous savons de cette affaire. Le couple écoute attentivement, nous jetant de temps à autre un coup d'œil haineux mais, notre récit terminé, il persiste à se taire. Cette fois, le commissaire s'énerve. Il prie un agent d'aller chercher l'infirmière qui s'occupe de Lyane.

— Comment va la jeune fille ? demande-t-il.

— Mieux, beaucoup mieux.

— Pourrait-elle venir jusqu'ici ?

— Certainement, mais à condition de la ménager.

— Nous aurons grand soin d'elle.

L'infirmière sort et Mady l'accompagne. Quelques instants plus tard, Lyane apparaît, à l'entrée du bureau. Elle est encore pâle. Cependant, son regard a repris une expression presque normale. En apercevant ses deux ravisseurs, elle ne peut réprimer un mouvement de recul et un cri d'effroi.

— Non, je ne veux pas !... Je ne veux pas !

Le commissaire s'approche d'elle et la rassure.

— Quelques minutes seulement, mon petit, c'est pour ton bien, pour que tu sois plus vite débarrassée de ces gens qui t'ont fait souffrir. Regarde ! tes camarades sont là ; eux aussi te protègent.

Pour l'éloigner le plus possible des deux prisonniers, qui ont baissé la tête en la voyant entrer, il la conduit au fond de la salle et la fait asseoir derrière le bureau de son collègue, afin de mettre un obstacle entre elle et ses ravisseurs. Il prend aussi la précaution de placer le siège de côté, pour éviter à la jeune fille la pénible impression d'être en face d'eux. Ainsi, ce commissaire bourru, jugé insensible par nous tous, possède un cœur comme tout le monde. Qui sait ? Il a peut-être une fille de l'âge de Lyane...

— Écoute, mon enfant, explique-t-il, cet homme et cette femme, arrêtés par tes camarades au moment où ils s'enfuyaient, s'obstinent à ne rien dire... parce qu'ils espèrent que, toi aussi, tu ne diras rien. À présent, il faut que tu nous apprennes la vérité. Vois-tu, la police a cru que tu n'avais pas osé rentrer chez toi, certain soir, parce que tu avais trouvé tes affaires abîmées, au cours de danse. Était-ce la raison ?

Elle secoue la tête.

— Non, monsieur le commissaire. J'étais

seulement très contrariée, je ne me serais pas sauvée pour cela.

Si elle avait regardé Jacques, en prononçant ces mots, elle l'aurait vu rougir de confusion.

— Alors, explique-nous, insiste le commissaire.

Lyane hésite, tremblante. Puis elle lève lentement son regard vers nous, cherchant une approbation. Mady s'approche d'elle et, prenant sa main :

— C'est vrai, Lyane, si tu en as la force, il faut que tu parles. Nous aussi, tes camarades, te le demandons.

Alors, elle commence, d'une voix faible, encore pleine de contrainte :

— Voilà, c'était le mercredi soir, je venais du cours de danse et je rentrais seule chez moi. J'allais traverser le Jardin des Plantes quand une femme m'a abordée, en disant : « Vite, veux-tu venir ? une vieille dame vient de faire une chute, là, tout près, dans cette rue, je ne suis pas assez forte pour l'aider à se relever. » Je n'ai pas eu le temps de réfléchir. La femme m'avait prise par le bras et m'entraînait. Au moment où nous passions devant une auto, un homme en est sorti brusquement. Il s'est jeté sur moi et m'a poussée dans la voiture. Je me suis débattue en criant. Il m'a appliqué quelque chose sur la bouche ; j'ai senti que je m'évanouissais. Quand je suis revenue à moi, je me trouvais dans une maison inconnue. J'ai voulu me sauver.

L'homme et la femme m'ont menacée et giflée. Quand j'ai demandé pourquoi ils m'avaient enlevée, ils m'ont répondu : « Tu le sauras plus tard, ne pose aucune question. »

« Alors, ils m'ont fait descendre dans une cave où ils ont apporté un petit lit de fer. Par précaution, l'homme a cloué des planches, en double épaisseur, devant le soupirail qui donnait, je crois, sur un jardin.

Elle s'arrête, épuisée, revivant la terreur qu'elle a vécue.

— Oh ! reprend-elle en soupirant, c'était horrible. J'ai cru devenir folle dans cette cave. Je ne parvenais pas à savoir ce qu'on voulait faire de moi. Je n'avais qu'une bougie pour m'éclairer. Chaque fois que la femme m'apportait de la nourriture, je la suppliais de m'expliquer pourquoi j'étais là. « Ne t'inquiète pas, répondait-elle, nous ne te ferons aucun mal. Bientôt, tu comprendras. — Quand ? — Bientôt. »

« Alors, l'homme m'a fait écrire une lettre, une affreuse lettre qu'il m'a dictée, où je disais à mes parents que je ne reviendrais plus jamais. C'était plus fort que moi, je ne pouvais pas tracer de pareils mots. J'ai résisté pendant plusieurs heures. L'homme a attendu ; il m'a battue et finalement, j'ai dû céder.

À l'évocation de ces souvenirs, elle sanglote.

Cependant, dans un grand effort, elle reprend :

— Peu à peu, dans cette cave où je ne faisais pas de différence entre la nuit et le jour, mes forces et mon courage m'ont abandonnée. Je ne réagissais plus. C'était affreux. Il me semblait que je n'étais plus moi-même. Enfin, un jour, l'homme est venu m'annoncer qu'il allait m'emmener loin, très loin,... mais que le voyage ne durerait pas longtemps et qu'après je serais libre, tout à fait libre. D'ailleurs, disait-il, mes parents étaient prévenus ; ils étaient d'accord.

« J'étais si désespérée que je n'ai pas cherché à comprendre, je ne savais plus que croire, que penser. Et puis, hier, oui, c'était hier, la femme est descendue dans la cave et m'a coupé les cheveux. Je ne lui ai même pas demandé pourquoi. Elle m'a aussi fait essayer un manteau gris... et des lunettes. Ensuite l'homme est venu à son tour et m'a dit : "Nous allons partir. Si tu cherches à te sauver, malheur à toi ! Nous saurons te rattraper et ce sera fini, plus jamais tu ne reverras tes parents."

« Alors, aujourd'hui, ils m'ont emmenée en auto. Quand elle s'est arrêtée devant l'aérodrome, j'ai compris que nous allions prendre l'avion. Pendant que nous étions assis, dans la salle d'attente, la femme, près de moi, ne cessait de me répéter, tout bas : "Attention, Lyane, ne cherche pas à fuir." Bien sûr, j'aurais pu appeler, crier au secours, chercher à m'échapper. Je me sentais paralysée. Avant de partir, elle m'avait obligée à avaler une pilule qui me donnait sommeil : j'avais seulement hâte d'être dans l'avion pour m'endormir.

« Enfin, comme je somnolais, sur la banquette, l'homme est venu nous chercher. J'ai entendu prononcer le mot "douane". Nous sommes restés quelques instants dans une autre salle, puis nous sommes sortis pour monter dans un gros avion blanc qui s'est bientôt éloigné lentement. Je ne sais plus alors très bien ce qui s'est passé. Je dormais déjà, dans mon fauteuil, quand la femme m'a secouée. Nous sommes descendus, avec les autres voyageurs. L'homme et la femme m'ont saisie, chacun par une main, et m'ont entraînée en courant. Je crois que je suis tombée. Quand je me suis relevée, je me trouvais seule. La course à travers champs et l'air froid m'avaient réveillée tout à fait. Alors, pour la première fois, j'ai réalisé que je pouvais me sauver. Au loin, j'ai aperçu des maisons. Comme une folle, j'ai couru de ce côté, mais j'ai été prise de vertige. Je crois que je suis tombée de nouveau... Après, je ne me souviens plus...

Elle se tait, épuisée par un si long effort, la tête penchée sur l'épaule. Agenouillée près d'elle, Mady essaie de la réconforter.

Quant à nous, debout au fond de la salle, les yeux fixés sur les lèvres de Lyane, nous retenons à peine nos larmes... Jacques les retient même si mal qu'il sort son mouchoir pour essuyer celles qui roulent sur sa joue. Certes, il éprouve un immense soulagement en apprenant que le geste de sa sœur n'a été pour rien dans la disparition de Lyane, cependant son cœur reste serré, ainsi que le nôtre... et il le restera jusqu'à ce que le mystère soit complètement éclairci.

Laissant Lyane se remettre de son émotion en compagnie de Mady, nous nous tournons de nouveau vers les prisonniers qui, au cours des accablantes révélations, n'ont pas bronché. Cependant, leur mine les trahit : ils ont perdu leur assurance.

— Vous avez entendu les accusations de cette jeune fille, reprend durement le commissaire en se plantant devant eux. Qu'avez-vous à dire pour votre défense ?

Ils baissent la tête et ne répondent pas. L'homme pousse sa femme du coude, comme pour lui signifier de garder le silence. Le commissaire s'énerve.

— Ah ! vous ne voulez toujours pas parler ? Il le faudra pourtant, tôt ou tard. Nous finirons bien par savoir pourquoi vous emmeniez cette jeune fille au Canada. Vos passeports, établis sans doute à l'aide de fausses pièces d'identité, indiquent que vous la faisiez passer pour votre fille. Que comptiez-vous faire d'elle, là-bas ?

Même silence angoissant. Faisant une brusque volte-face, le commissaire se tourne vers l'inspecteur de l'aéroport :

— Qu'a-t-on retrouvé dans leurs bagages ?

— Des vêtements, rien d'intéressant.

— Et sur eux ?

— Rien non plus. L'homme ne portait aucune arme.

— Pas de papiers ?... de lettres... de documents suspects ?

— Non.

Le commissaire, tremblant de colère, réfléchit encore, gratte sa verrue, puis fait signe à un agent.

— Fouillez à nouveau cet homme !

Mais, réflexion faite :

— Non !... je vais m'en charger.

Il s'approche de l'homme, tâte ses vêtements, les doublures de son manteau, de sa veste et, soudain, ses doigts s'arrêtent au bas du veston.

— Et là, qu'avez-vous caché ?

L'homme secoue la tête. D'un geste brusque, le commissaire arrache la doublure du vêtement et en retire des papiers soigneusement pliés. Contiennent-ils la clef du mystère ? Nous nous penchons sur le bureau où il est venu s'asseoir pour les examiner. Soudain ses sourcils se froncent. Il parcourt avec attention une coupure de journal.

— Ah ! je commence à comprendre ! s'exclame-t-il, soulagé.

Et il lit tout haut :

« Lyon. 15 décembre. De notre correspondant au Canada. À Clear-River dans le nord de la province de Québec, vient de s'éteindre, à l'âge de quatre-vingt-douze ans, Amédée Charbonnier. Issu d'une modeste famille de la région lyonnaise, Amédée Charbonnier était parti, très jeune, tenter fortune en Amérique du Nord. Cet homme d'un courage et d'une ténacité remarquables, était devenu possesseur d'immenses domaines forestiers et il laisse une fortune estimée à plusieurs centaines de milliers de dollars. Aucun descendant ne s'étant présenté, pour faire valoir ses droits, il est probable que cette fortune sera versée dans les coffres de l'État canadien. »

Nous avons écouté, la respiration suspendue, dans le plus grand silence, mais tout à coup Lyane s'écrie :

— Charbonnier !... C'était le nom de mes parents, celui que je portais avant de prendre celui de Montanin.

Le commissaire exulte.

— Cela ne me surprend pas,... à vrai dire, je m'en doutais.

Il se met alors à fouiller parmi les papiers qui s'étalent sur le bureau et tombe en arrêt devant une lettre qui porte, en en-tête, le nom du notaire de Clear-River. Elle est rédigée en français. Il lit tout haut :

« Clear-River, 13 janvier.

« Monsieur,

« En réponse à votre lettre du 30 décembre, je puis vous préciser que le testament du sieur Amédée Charbonnier, décédé le 10 décembre dernier, mentionne bien que sa fortune devra revenir à son plus proche parent, mais que, depuis son décès, aucun héritier, Français ou Canadien, ne s'est présenté ou ne m'a écrit pour manifester son intention de faire valoir ses droits... »

Cette fois le commissaire en sait assez. Bondissant vers les deux prisonniers, les poings serrés, il lance :

— Persisterez-vous à vous taire, à présent ? Comment avez-vous découvert que l'héritière de ce Français établi au Canada était la petite Lyane ?

Accablée par la découverte du policier, et jugeant le moment venu de se désolidariser de son mari, la femme se décide enfin.

— Ce n'est pas ma faute, gémit-elle, c'est lui qui a tout imaginé.

Elle se détourne de son mari qui lui lance un regard glacé.

— Nous vous écoutons, fait vivement le commissaire brûlant d'impatience.

— Voilà comment cela s'est passé, reprend la jeune femme ; nous avons connu les parents de Lyane autrefois. Nous habitions le même immeuble, dans la banlieue de Lyon. Nous nous sommes souvenus qu'un jour le père de Lyane avait parlé d'un grand-oncle parti faire fortune au Canada. Nous avions même retenu le prénom « Amédée » qui nous avait paru ridicule. Alors quand, il y a deux mois, nous avons vu sur le journal...

Elle s'interrompt pour jeter un coup d'œil vers son mari, puis reprend :

— Je vous le répète, monsieur le commissaire, c'est lui qui a eu cette idée. Nous savions qu'après la mort de ses parents dans un accident, Lyane avait été adoptée, ou plutôt recueillie, et il a réussi à savoir par qui. Alors, il a décidé de l'enlever. Il s'est dit que si nous pouvions l'emmener au Canada, tout s'arrangerait. Elle ne pourrait plus nous échapper. Alors là-bas... avec de faux papiers !...

— Évidemment, coupe le commissaire, il n'existait que ce moyen pour vous emparer de la fortune qui lui revenait... Mais si Lyane vous avait dénoncés, si elle n'avait pas accepté votre odieuse machination, comment auriez-vous agi envers elle ?

Honteuse, la femme baisse la tête et laisse la question sans réponse.

— Oui, s'emporte le commissaire, vous l'avez terrorisée pour obtenir qu'elle parte avec vous... et vous auriez recommencé, là-bas, si besoin en était. C'est cela, n'est-ce pas ?

Il devient blême de colère :

— Ah ! votre coup était bien préparé ! Vous avez endormi la police en dictant, sous la menace, une lettre infâme à cette malheureuse enfant sans défense... et vous n'avez pas hésité à revenir à Lyon, déposer sa petite valise au bord du Rhône pour qu'on imagine le pire. Vous rendez-vous compte que vous êtes tout simplement des criminels ?...

— Ce n'est pas ma faute, répète la femme en

pleurnichant, d'ailleurs nous l'avons bien traitée, elle ne manquait de rien.

— Oh ! s'indigne le commissaire, c'est trop fort.

Et faisant de nouveau signe aux agents :

— Inutile de laisser cette enfant plus longtemps devant ces individus. Emmenez-les !

Les agents les empoignent et les font sortir. Alors nous nous tournons vers Lyane, qui pleure doucement, les mains dans celles de Mady. À notre tour, nous nous efforçons de l'apaiser. Mon brave Kafi, lui aussi, s'est approché et il cherche sa main pour la lécher.

— Tu sais, explique Mady, c'est grâce à lui que nous t'avons retrouvée.

Mais on entend frapper à la porte du bureau. Le commissaire va ouvrir. Nous reconnaissons les visages à la fois heureux et affolés de M. et Mme Montanin. Ils se précipitent vers leur fille.

— Lyane ! notre petite Lyane !...

— Oh ! papa !... maman !... vous !... enfin, je vous retrouve. C'est bien vrai, vous venez me délivrer !...

Discrètement, nous nous retirons pour ne pas troubler leur tête-à-tête. Le commissaire, lui aussi, est sorti. Il fait mine de s'essuyer le front comme si l'interrogatoire lui avait donné chaud, mais je crois bien qu'il frotte ses yeux.

— Ah ! mes gaillards, fait-il en reprenant son ton bourru, par plaisanterie cette fois, quand je pense que vous avez réussi à mener seuls une véritable enquête policière, et à la conduire jusqu'au bout. Je vous fais mes excuses. Tous les huit, vous méritez mes plus chaleureux compliments.

— Pardon, rectifie Mady, tous les neuf.

Il regarde, à la ronde.

— Comment, j'en oublie un ?

— Celui qui vous tend la patte. Vous pouvez le caresser, il ne vous mordra pas.

— Et si un jour vous avez besoin d'un chien policier, ajoute Gnafron de son petit air futé, nous vous le prêterons volontiers... Il a du flair, lui...

Chapitre 13

Le petit rat de l'Opéra

Le retour de Lyane, l'arrestation de ses ravisseurs, ont fait grand bruit dans Lyon. Sur plusieurs colonnes, les journaux ont relaté l'affaire, la chasse à l'homme sur l'aérodrome. À maintes reprises, des journalistes sont venus nous attendre devant les grilles de l'école... et la photo des Compagnons a paru, en première page, avec Kafi en gros plan.

Mais, après cette mémorable journée, vite dégrisés, nous n'avons plus pensé qu'à la santé de Lyane. Le médecin qui la soignait, chez ses parents, à la Croix-Rousse, est demeuré quelques jours inquiet. Il redoutait les suites de l'ébranlement nerveux de la jeune fille. Nous prenant à part, il avait dit :

— Essayez de lui faire oublier son affreux cauchemar. Venez la voir souvent, mais évitez d'évoquer le passé.

Alors, midi et soir, au sortir de l'école nous sommes passés rue des Tourettes, avec Mady. De son côté, Nadia Kouloff est venue rendre visite à son élève, sans toutefois faire aucune allusion à la danse et au fameux concours. Quant au grand Jacques, il a fait l'impossible, chaque soir, entre deux livraisons, pour rester un moment avec elle. Pauvre Jacques ! Pauvre Christine surtout ! Quelle cruelle épine a été retirée de sa blessure, quand elle a su que la disparition de Lyane n'était pas la conséquence de son vilain geste ! Cependant, son soulagement ne serait complet que le jour où, enfin, elle pourrait avouer à Lyane la vérité et lui demander pardon.

Or, ce moment est venu plus tôt que le frère et la sœur ne l'espéraient. Un soir que Jacques apportait à Lyane de belles roses toutes fraîches, arrivées de Nice, la jeune fille s'est étonnée de le voir si gentil avec elle. N'y tenant plus, il a tout dit... regrettant aussitôt d'avoir brusqué les choses. Pourtant, il a bien fait. À son grand étonnement, non seulement Lyane a tout de suite pardonné à Christine, mais elle s'est trouvée elle-même libérée en découvrant la clef du mystère qui, sans qu'elle s'en rendît compte, continuait de la tourmenter.

Et, pour la première fois depuis son retour, elle a parlé de danse, s'est inquiétée de Christine, de ses autres camarades. Alors, sa visite terminée, Jacques nous a rejoints et s'est écrié, fou de joie :

— Cette fois, Lyane est sauvée ; elle reprend goût à la vie. Il faut que vous m'aidiez à la persuader qu'il lui est encore possible de passer le concours. Ma sœur vient de m'apprendre qu'il a été retardé d'une dizaine de jours à cause de l'épidémie de grippe. Elle aura le temps de se rétablir et de se préparer.

Une petite conspiration s'est aussitôt tramée. Prévenue, Nadia Kouloff est revenue la voir et lui a apporté un tutu et des chaussons neufs, cadeau de Christine. Enfin, un soir, sous prétexte de revoir ses camarades, Lyane est descendue avec nous, au cours. Non, elle n'avait pas l'intention de remettre, si tôt, ses chaussons de satin, mais elle n'a pas résisté longtemps au démon de la danse. Elle a été simplement gênée, à cause de Christine, disant qu'elle ne voulait pas prendre sa place. La sœur de Jacques a su la rassurer :

— Non, Lyane ne t'inquiète pas pour moi. Au contraire, je ne me sentirai vraiment pardonnée que si tu réussis au concours.

Ainsi, peu à peu, avec application et volonté, elle a repris son entraînement. Bien sûr, au début, elle a été assez déçue ; ses forces la trahissaient, ses muscles s'étaient rouillés. Mais nous étions tous là pour l'encourager.

... Enfin, le grand jour est arrivé. L'examen doit avoir lieu cet après-midi, sur la scène même de l'Opéra. Dès deux heures, nous attendons, sur les marches du théâtre, mêlés à une centaine de jeunes filles qu'accompagnent leurs professeurs de danse.

— Si nombreuses ! murmure Lyane... et sept seulement seront retenues. J'ai peur !... très peur.

L'accès de la salle est interdit aux parents et amis des candidats. Seuls les membres du jury, les professeurs et quelques personnalités assisteront à l'examen. Cependant, à titre tout à fait exceptionnel, le directeur de l'Opéra, au courant de ce qui est arrivé à Lyane, nous a autorisé l'entrée du théâtre... à condition de nous tenir au fond de la salle, et de n'en pas bouger.

Sitôt la porte ouverte, nous nous glissons à l'intérieur, invitant Kafi à nous attendre dehors... mais le concierge, ému par l'air suppliant de mon chien, me fait discrètement signe de le laisser entrer.

Nous voici donc installés au dernier rang des fauteuils et Kafi, conscient de la grande faveur qu'on vient de lui accorder, se couche sans bruit à mes pieds.

Ainsi que nous l'avons appris, l'examen comporte, pour chaque élève, deux parties : une série d'exercices imposés et une figure libre. Pour que le jury ne favorise pas une candidate plus que l'autre, celles-ci ne seront pas désignées par leur nom mais par des numéros. Nous savons également, par Nadia Kouloff, que ces numéros sont tirés au sort. Impossible, donc, de prévoir quand viendra le tour de Christine ou de Lyane.

La première petite danseuse s'avance, justement intimidée d'être la première. Ses exercices paraissent assez réussis. Cependant, de bras et de jambes assez grêles, elle manque un peu de grâce. La candidate qui lui succède est au contraire rondelette, trop rondelette, pour une danseuse. La troisième, qui rappelle Lyane, garde un peu de raideur dans ses mouvements. La suivante, en revanche, danse avec souplesse et légèreté ; elle ne semble commettre aucune faute. Le jury l'applaudit vivement.

Elle a de grandes chances d'être reçue.

Et les petites danseuses se succèdent, rapidement. Une voix annonce un nouveau numéro. Voici Christine ! Le cœur de notre ami Jacques bat à tout rompre... le nôtre aussi bat très fort. Ah ! si toutes deux pouvaient être reçues ! Anxieux, nous suivons ses évolutions. Très à l'aise, elle ne semble pas s'inquiéter des regards qui l'observent. Lorsqu'elle s'avance pour saluer, le jury ne lui ménage pas ses applaudissements.

— Tu verras, glisse Gnafron à notre ami Jacques en lui tapant sur la cuisse, elle sera reçue, j'en mets ma main au feu !

Après elle, dix, quinze autres candidates défilent sur la scène. Quand viendra le tour de Lyane ? Elle doit terriblement s'impatienter dans les coulisses. Pourvu que cette longue attente ne lui fasse pas perdre ses moyens !

Enfin, elle apparaît sur la scène. Nous la retrouvons telle que nous l'avons connue. Ses cheveux, soigneusement coiffés, ne donnent plus l'impression d'être coupés. Oui, c'est bien la petite Lyane de la photo, celle qui bondissait sur les pavés de la cour, légère comme une biche. Dès l'instant où elle s'est présentée, nos craintes se sont envolées. Elle réussira. Une seconde, pourtant, nous avons très peur en voyant sa jambe gauche fléchir. Ce n'est qu'une alerte, vite oubliée. Et au moment où elle aborde les figures libres, elle semble ne plus toucher le plancher de la scène. Jamais elle n'a dansé avec tant de grâce et de légèreté.

Quand elle s'avance pour saluer, un tonnerre d'applaudissements emplit l'immense salle. Comment résister à lui montrer notre joie ? Quitte à nous faire expulser, nous battons des mains à tout rompre et Kafi dresse les oreilles, se demandant ce qui provoque en nous une telle joie.

Lyane disparue dans les coulisses, le passage des autres concurrentes ne nous intéresse plus. Heureusement, nous n'aurons plus longtemps à attendre.

Ah ! quelle émotion quand, enfin, le directeur de l'Opéra, lui-même, monte sur la scène, une feuille à la main, pour proclamer les résultats.

Et soudain, notre joie éclate... Lyane ! Reçue première, avec les félicitations du jury... Christine, elle aussi, admise et même dans un bon rang puisqu'elle est troisième. Au total, l'école de Nadia Kouloff compte trois élèves reçues sur les sept qui entreront à l'Opéra... et les quelque quatre-vingt-douze candidates. Un véritable triomphe !

Nous nous précipitons vers la sortie pour accueillir nos deux petites danseuses. Elles en pleurent de joie.

— Oh ! s'écrie Lyane en riant, quel jour merveilleux !... Il me fait tout oublier. Je suis si contente que Christine ait réussi, elle aussi.

Jacques, ému, pleure et rit, tout à la fois, en tortillant son mouchoir.

— Ne restons pas là, dit-il, impatient ; allons annoncer la bonne nouvelle à nos familles.

Le temps, aux nouveaux petits rats de l'Opéra, de se changer dans une loge, et nous quittons ensemble le théâtre avec Kafi qui, libre à présent, gambade autour de nous comme un fou.

Mais à peine avons-nous atteint les dernières marches que les cris d'un marchand de journaux nous font dresser l'oreille.

— Demandez les dernières nouvelles !... Les résultats du grand concours de chasseurs d'images !...

Le petit Gnafron traverse la rue en courant, au risque de se faire renverser par une auto... et nous le voyons revenir, encore plus vite, agitant à bout de bras le journal qu'il vient d'acheter. Nouveau miracle ! En première page, s'étale la photo que j'avais prise, à la sauvette, dans la cour de l'école de danse.

— Le premier prix ! hurle Gnafron, nous

avons remporté le premier prix... comme Lyane tout à l'heure !

— Formidable ! s'écrie le Tondu, toutes les chances à la fois ! Lyane est devenue riche... elle entre à l'Opéra... et nous avons notre vélomoteur !

Il lance en l'air son inséparable béret, en criant encore à tue-tête :

— Formidable !... super-formidable !... archi-formidable !...

Et Mady, radieuse, se tourne vers nous en disant :

— Quand je disais que cela nous porterait bonheur de revendre l'appareil photographique qui avait englouti toutes nos économies !...

Table

« Pour l'éditeur, le principe est d'utiliser des papiers composés de fibres naturelles, renouvelables, recyclables et fabriquées à partir de bois issus de forêts qui adoptent un système d'aménagement durable. En outre, l'éditeur attend de ses fournisseurs de papier qu'ils s'inscrivent dans une démarche de certification environnementale reconnue. »

Composition ***Jouve*** - 53100 Mayenne

Imprimé en Roumanie par G. Canale & C.S.A.
Dépôt légal : septembre 2004
Achevé d'imprimer : mars 2012
20.07.0948.8/08 - ISBN 978-2-01-200948-6

Loi n° 49-956 du 16 juillet 1949
sur les publications destinées à la jeunesse